Janeiro

CB070441

1º de Janeiro

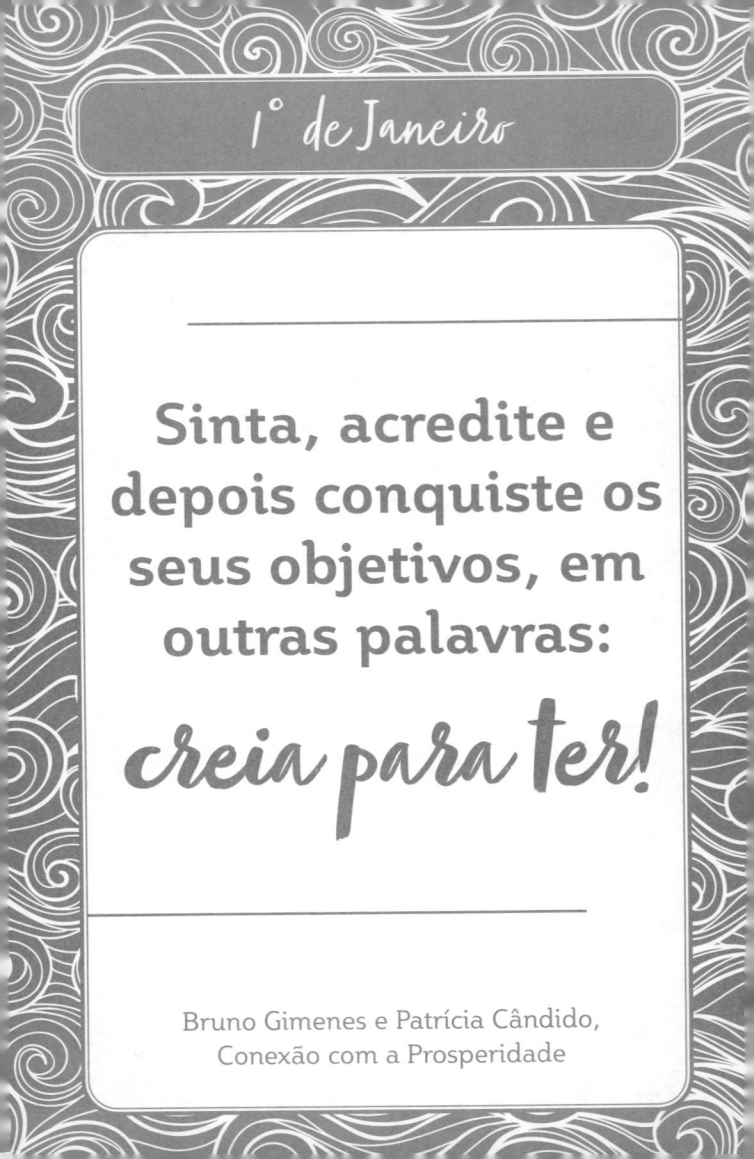

Sinta, acredite e depois conquiste os seus objetivos, em outras palavras:

creia para ter!

Bruno Gimenes e Patrícia Cândido,
Conexão com a Prosperidade

2 de Janeiro

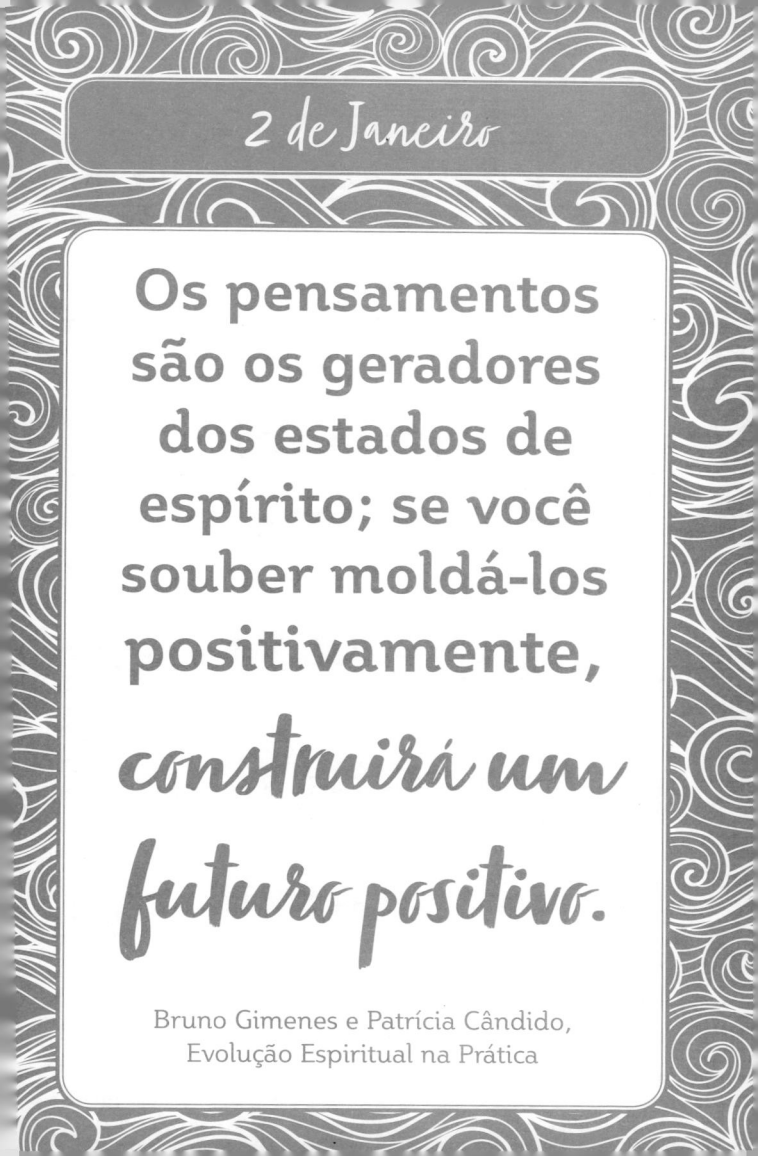

Os pensamentos são os geradores dos estados de espírito; se você souber moldá-los positivamente, *construirá um futuro positivo.*

Bruno Gimenes e Patrícia Cândido,
Evolução Espiritual na Prática

3 de Janeiro

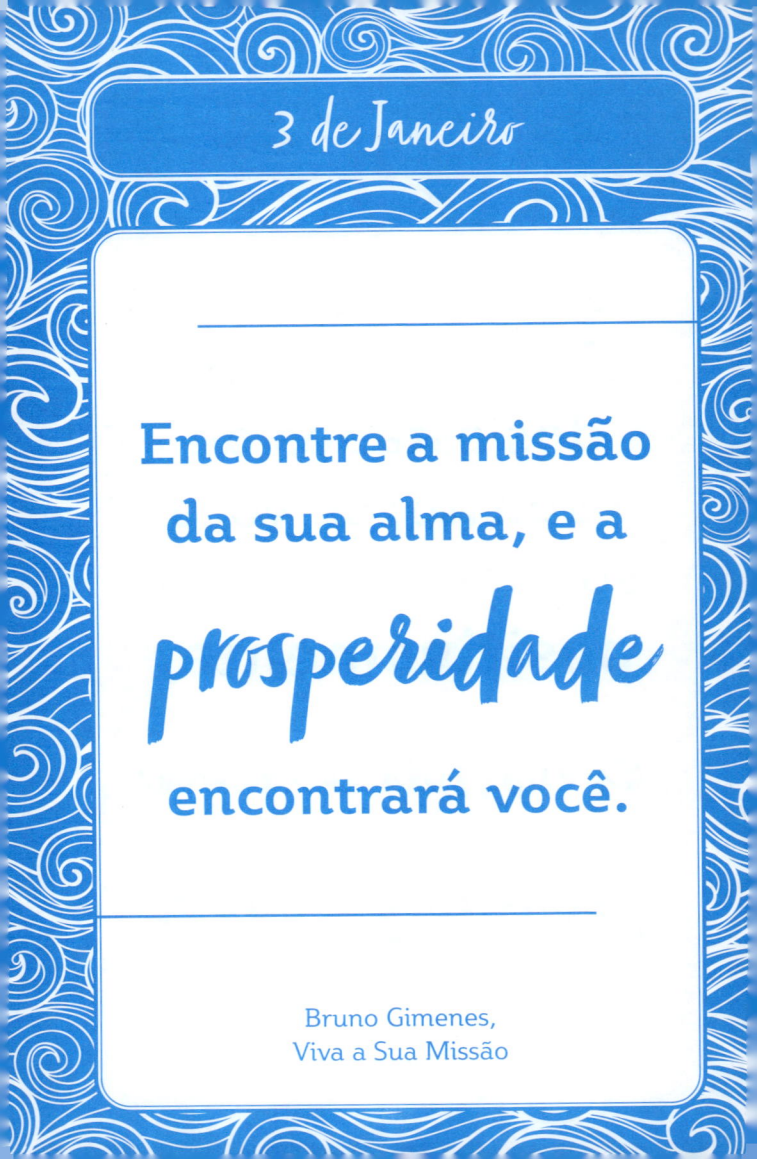

Encontre a missão da sua alma, e a *prosperidade* encontrará você.

Bruno Gimenes,
Viva a Sua Missão

4 de Janeiro

O amor rejuvenesce!

E não estamos falando apenas do amor romântico, mas do amor universal presente em tudo o que é vivo.

Patrícia Cândido,
Código da Alma

5 de Janeiro

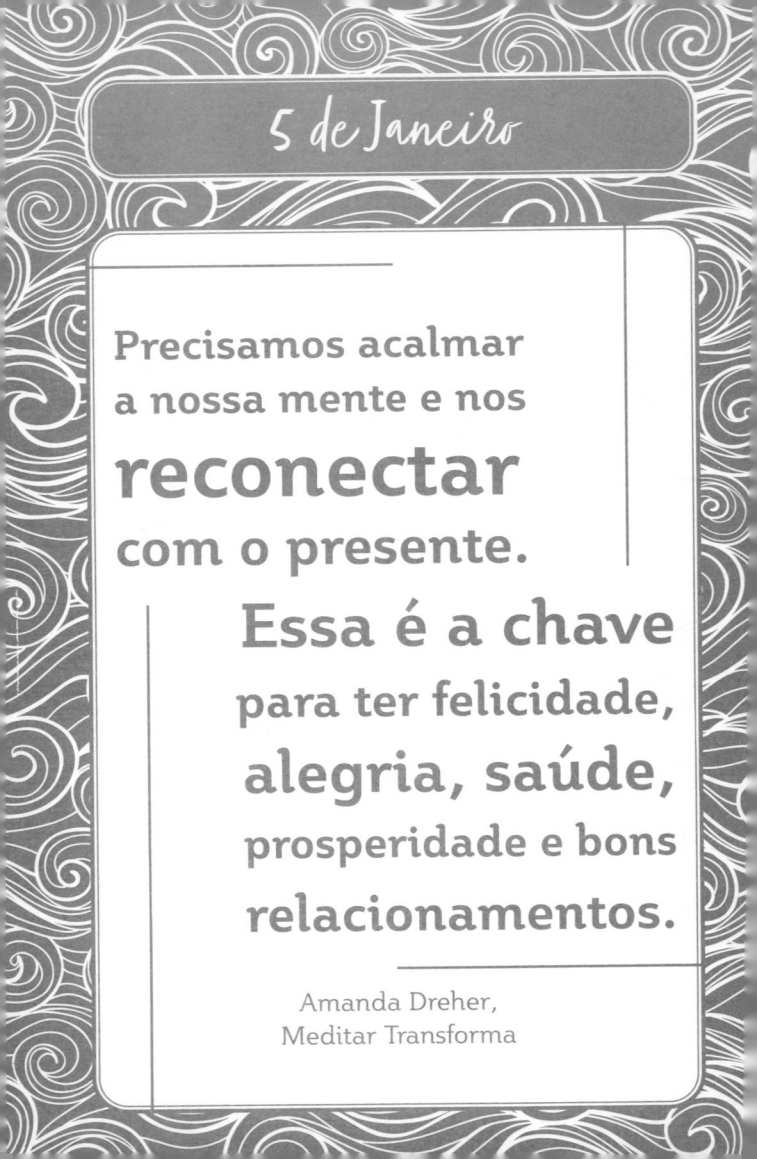

Precisamos acalmar a nossa mente e nos **reconectar** com o presente. Essa é a chave para ter felicidade, alegria, saúde, prosperidade e bons relacionamentos.

Amanda Dreher,
Meditar Transforma

6 de Janeiro

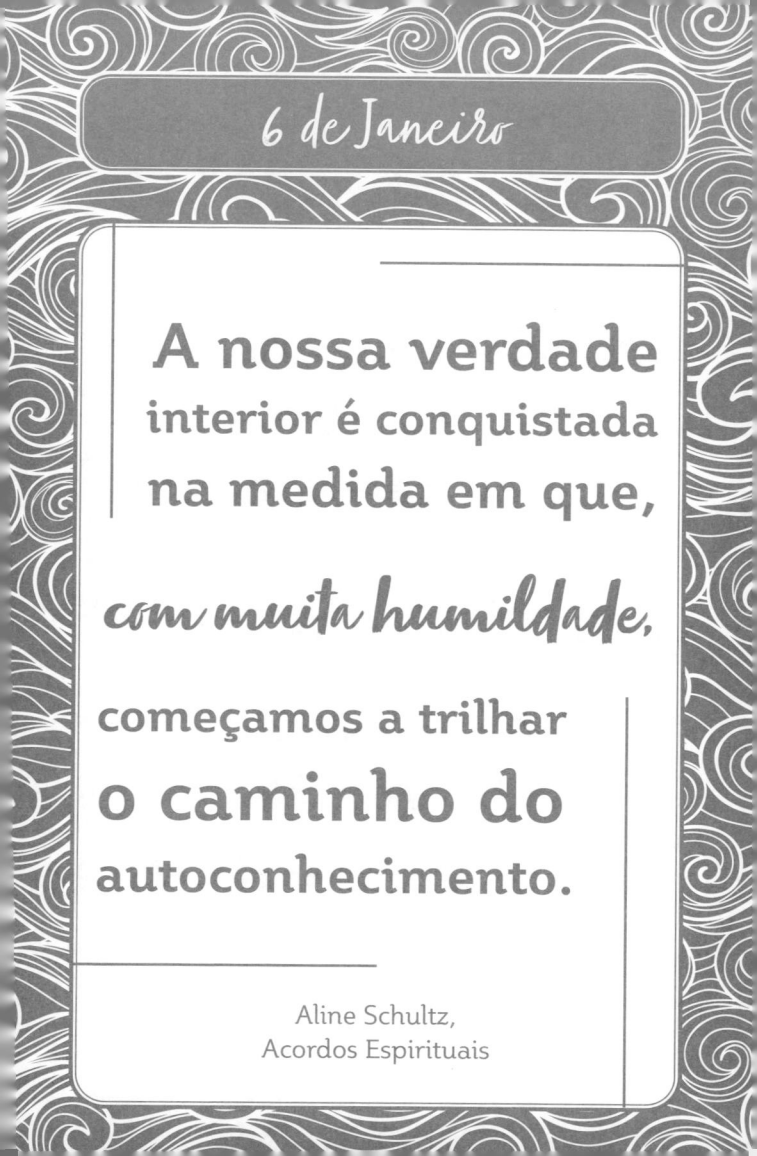

A nossa verdade interior é conquistada na medida em que, *com muita humildade,* começamos a trilhar o caminho do autoconhecimento.

Aline Schultz,
Acordos Espirituais

7 de Janeiro

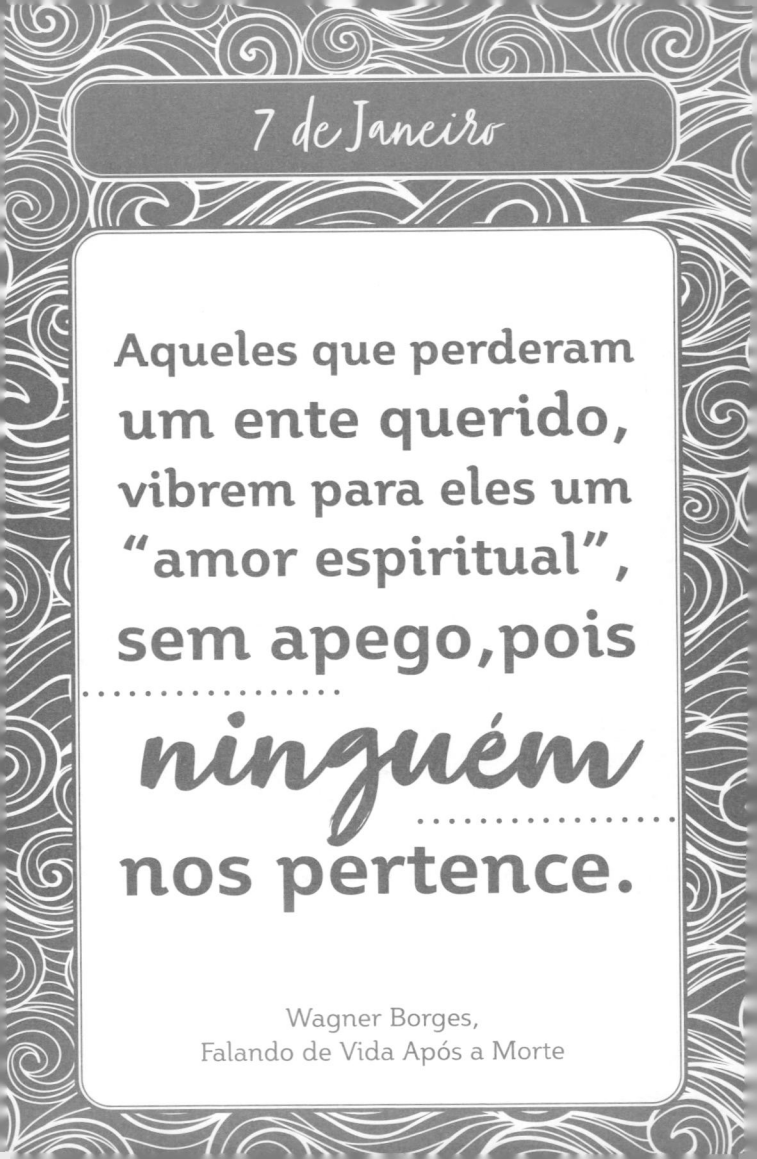

Aqueles que perderam um ente querido, vibrem para eles um "amor espiritual", sem apego, pois *ninguém* nos pertence.

Wagner Borges,
Falando de Vida Após a Morte

8 de Janeiro

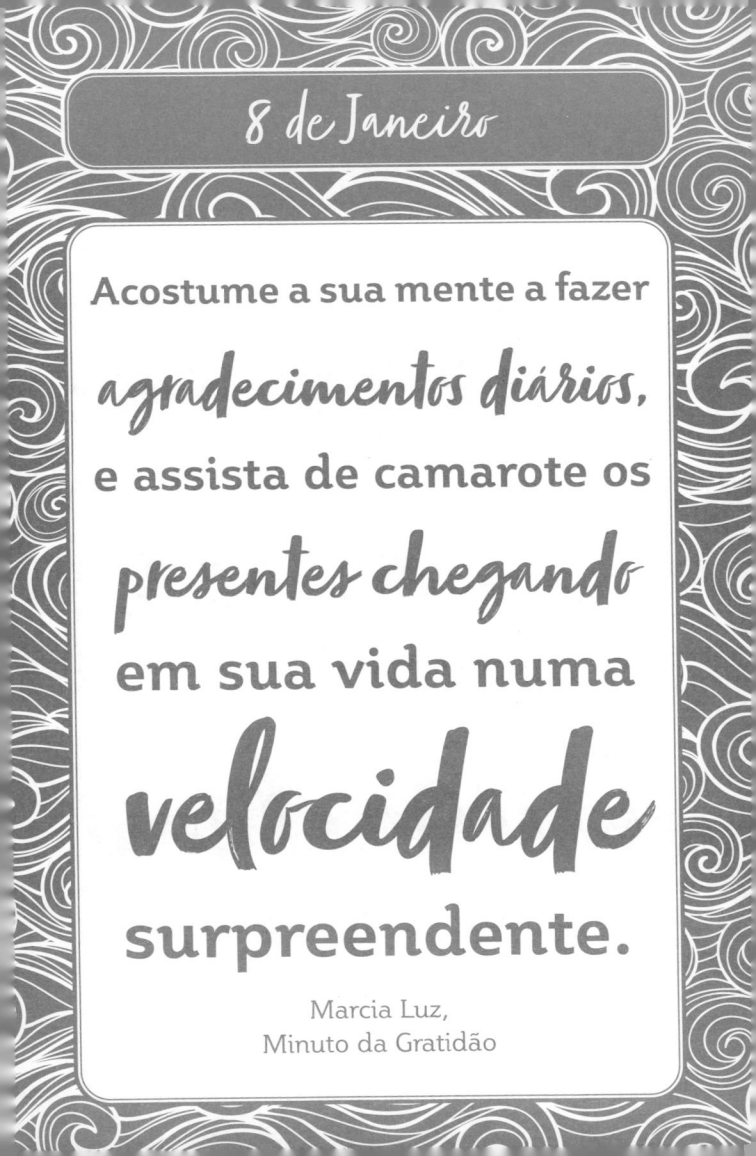

Acostume a sua mente a fazer *agradecimentos diários,* e assista de camarote os *presentes chegando* em sua vida numa *velocidade* surpreendente.

Marcia Luz,
Minuto da Gratidão

9 de Janeiro

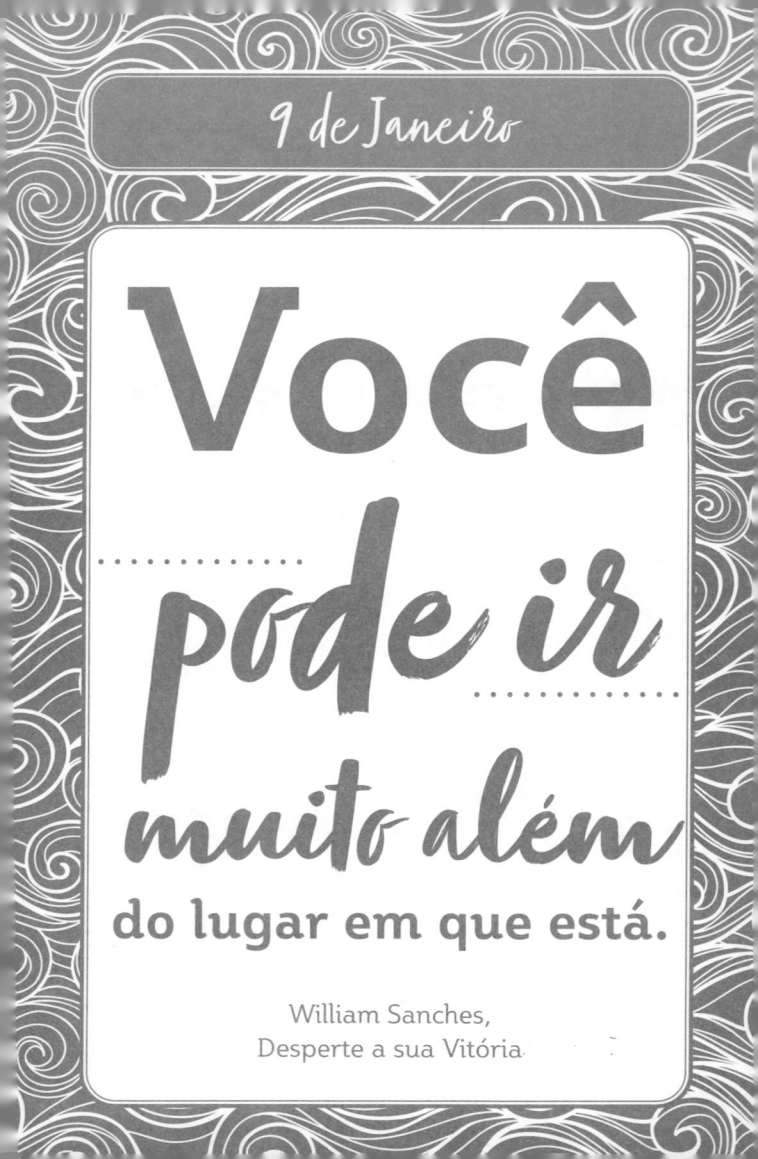

Você pode ir muito além do lugar em que está.

William Sanches,
Desperte a sua Vitória

10 de Janeiro

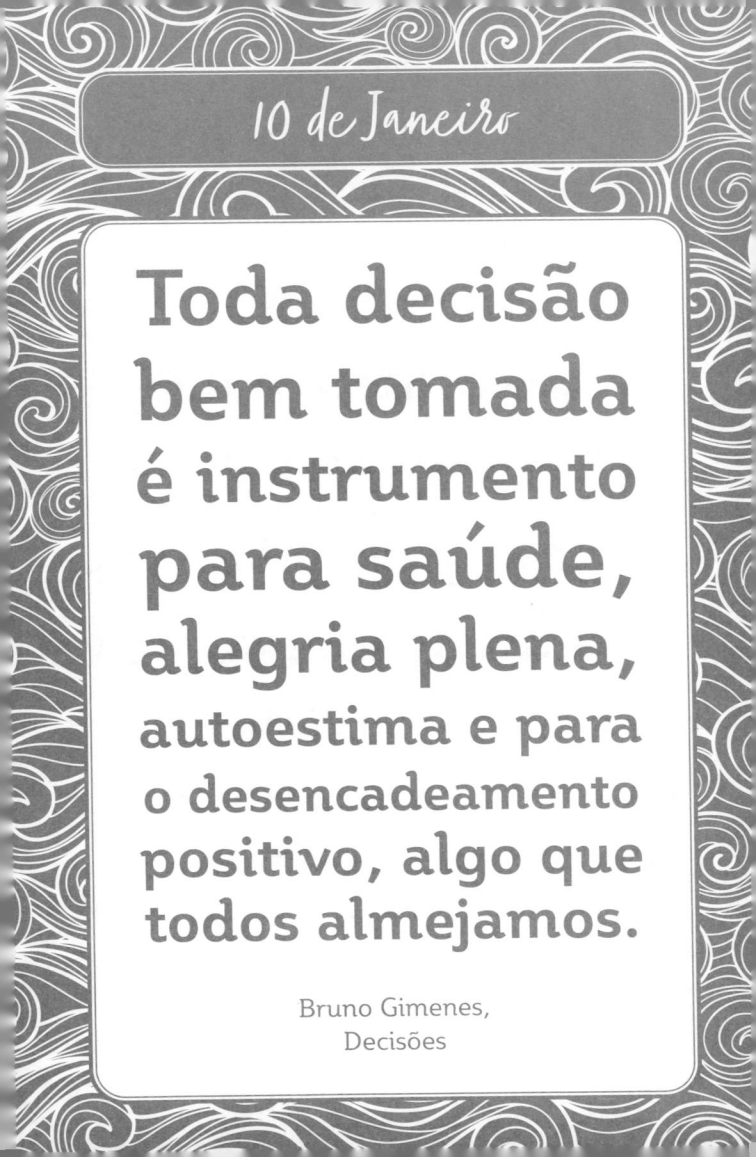

Toda decisão bem tomada é instrumento para saúde, alegria plena, autoestima e para o desencadeamento positivo, algo que todos almejamos.

Bruno Gimenes,
Decisões

11 de Janeiro

Mude seu foco, olhe para as coisas **boas da vida.**

Sua atenção é como **um fermento:** dá volume para a situação na qual você está focado.

Bruno Gimenes e Patrícia Cândido,
O Criador da Realidade

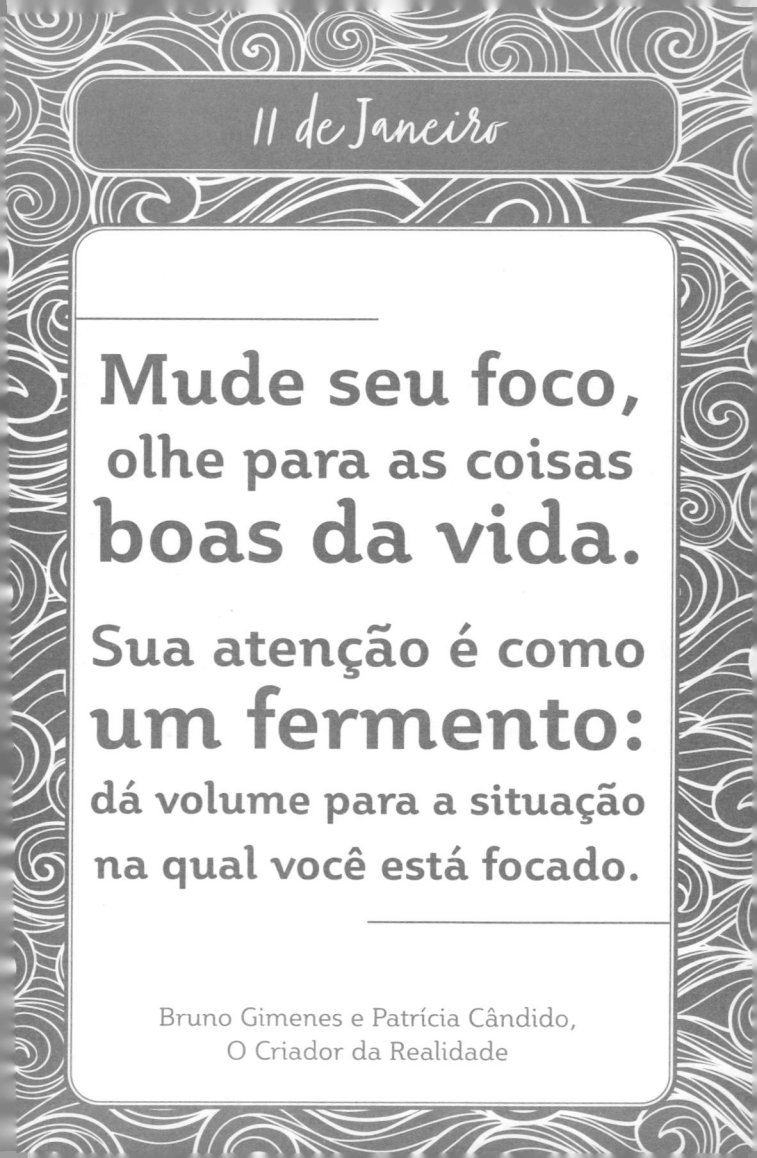

12 de Janeiro

Se você focar seus pensamentos, sentimentos e emoções **em coisas boas,** inevitavelmente elas se expandem, manifestando-se: **essa é a lei.**

Bruno Gimenes e Patrícia Cândido,
O Criador da Realidade

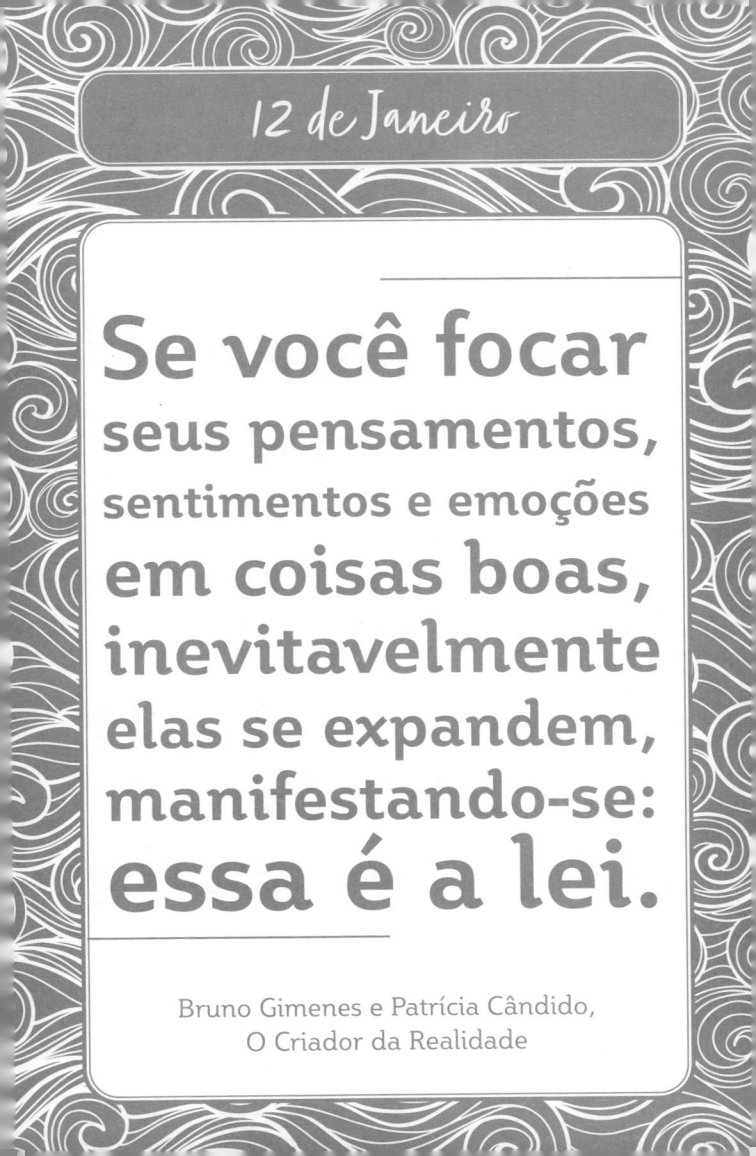

13 de Janeiro

Tenho a certeza de que coisas *maravilhosas* estão por vir. Aceito novas experiências; permito que *o novo se manifeste* na minha vida.

Amanda Dreher,
As Meditações Mais Poderosas de Todos os Tempos

14 de Janeiro

Hoje eu posso dizer com segurança que me tornei um ímã de **prosperidade**. *Eu atraio o dinheiro.* Eu e ele somos bons amigos. **Estamos em** sintonia perfeita.

Bruno Gimenes,
Como Ser um Ímã para o Dinheiro

15 de Janeiro

Viva pela sua paixão!

Além de viver inspirado e **experimentando** inúmeras realizações, você poderá inspirar muito mais e ajudará muito mais,

acredite!

Cátia Bazzan,
Cuide-se

16 de Janeiro

O pensamento positivo impõe um ambiente **vivo e ativo, propício para** estabelecer metas, realizar nossos projetos, estabelecer horários regulares e até ter uma rotina leve.

Hávini Sá,
O Poder dos Mantras

17 de Janeiro

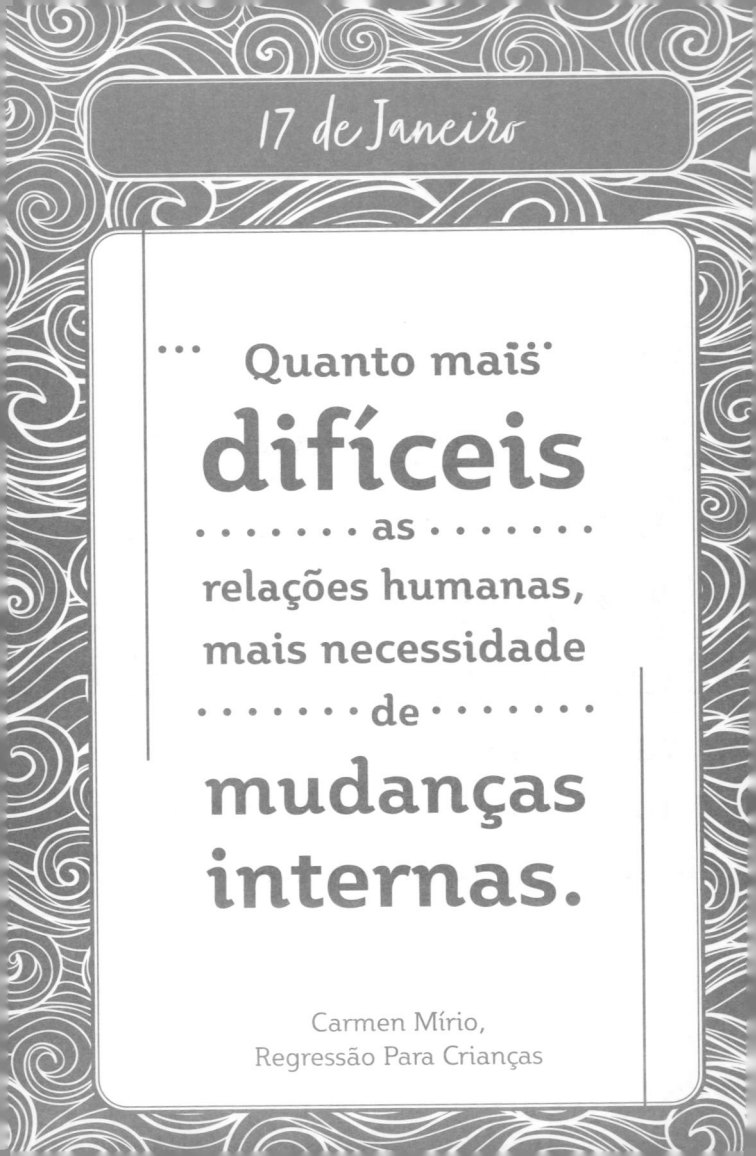

Quanto mais **difíceis** as relações humanas, mais necessidade de **mudanças internas.**

Carmen Mírio,
Regressão Para Crianças

18 de Janeiro

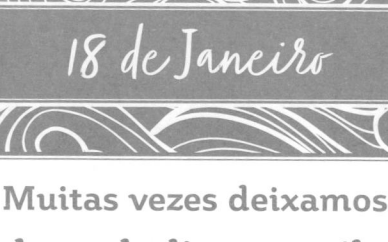

Muitas vezes deixamos de verbalizar aquilo que desejamos com medo de ferir as pessoas que amamos. Mas preferimos machucar a nós mesmos. Porém, a questão é que o universo não diferencia quem você machucou.

Patrícia Cândido, Cajados

19 de Janeiro

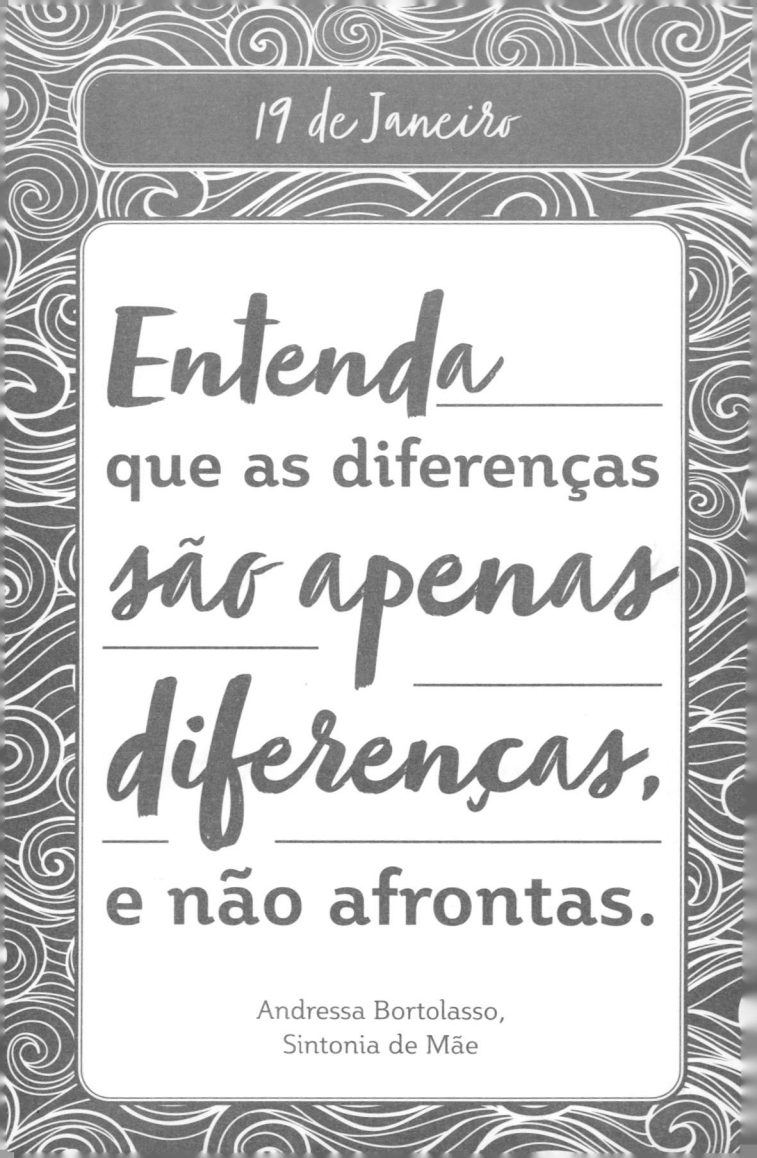

Entenda que as diferenças *são apenas diferenças*, e não afrontas.

Andressa Bortolasso,
Sintonia de Mãe

20 de Janeiro

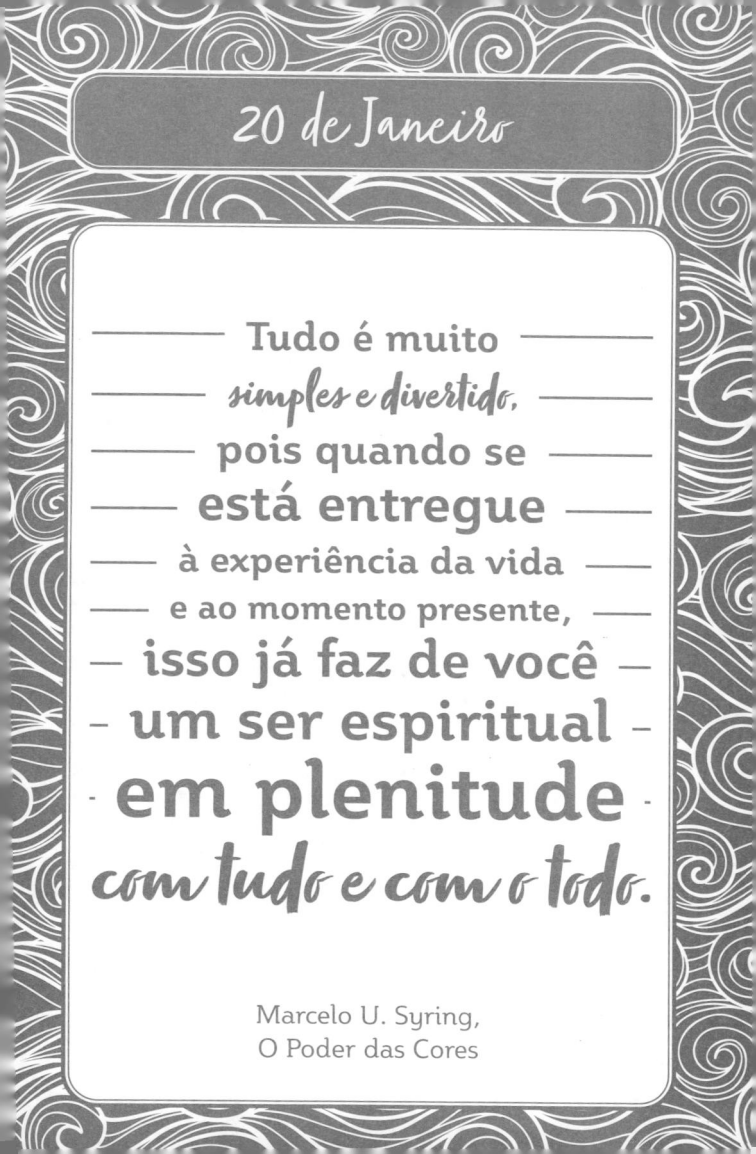

Tudo é muito *simples e divertido*, pois quando se está entregue à experiência da vida e ao momento presente, isso já faz de você um ser espiritual em plenitude *com tudo e com o todo.*

Marcelo U. Syring,
O Poder das Cores

21 de Janeiro

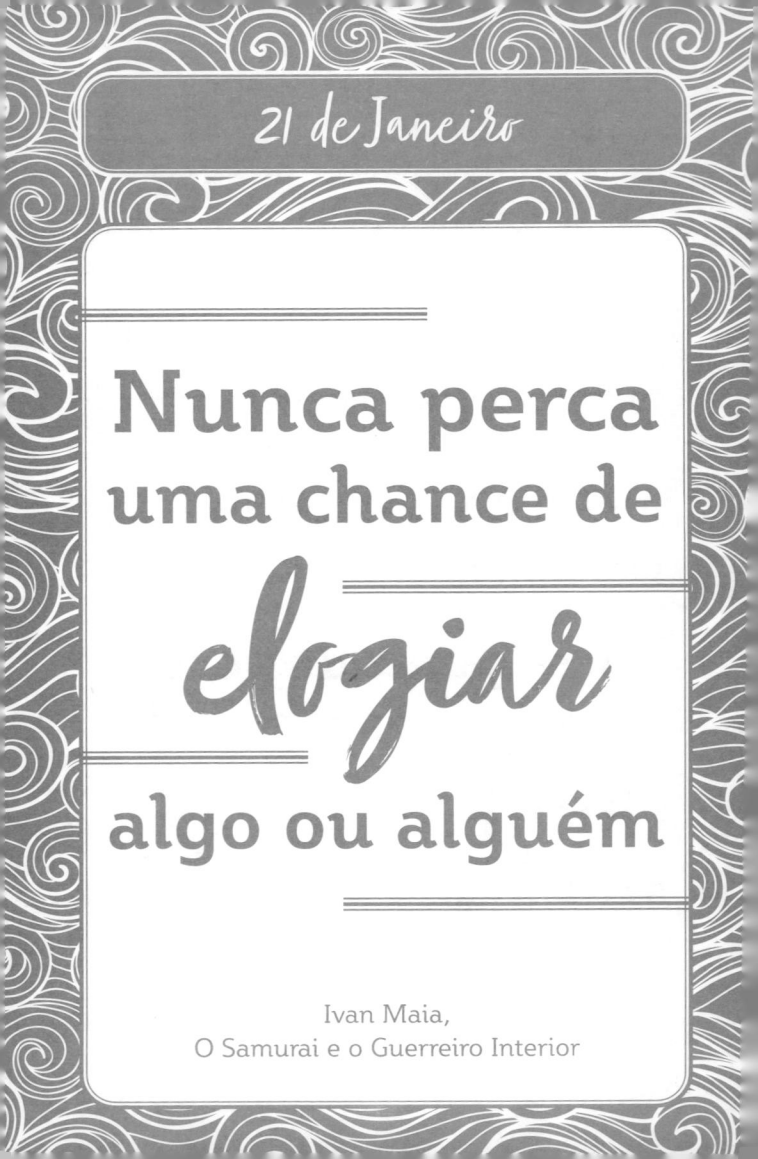

Nunca perca uma chance de *elogiar* algo ou alguém

Ivan Maia,
O Samurai e o Guerreiro Interior

22 de Janeiro

Ser rico, próspero e evoluir *não significa* ter todo o dinheiro do mundo.

Tiago Fonseca,
Cresça, Apareça e Enriqueça / Selo MAP

23 de Janeiro

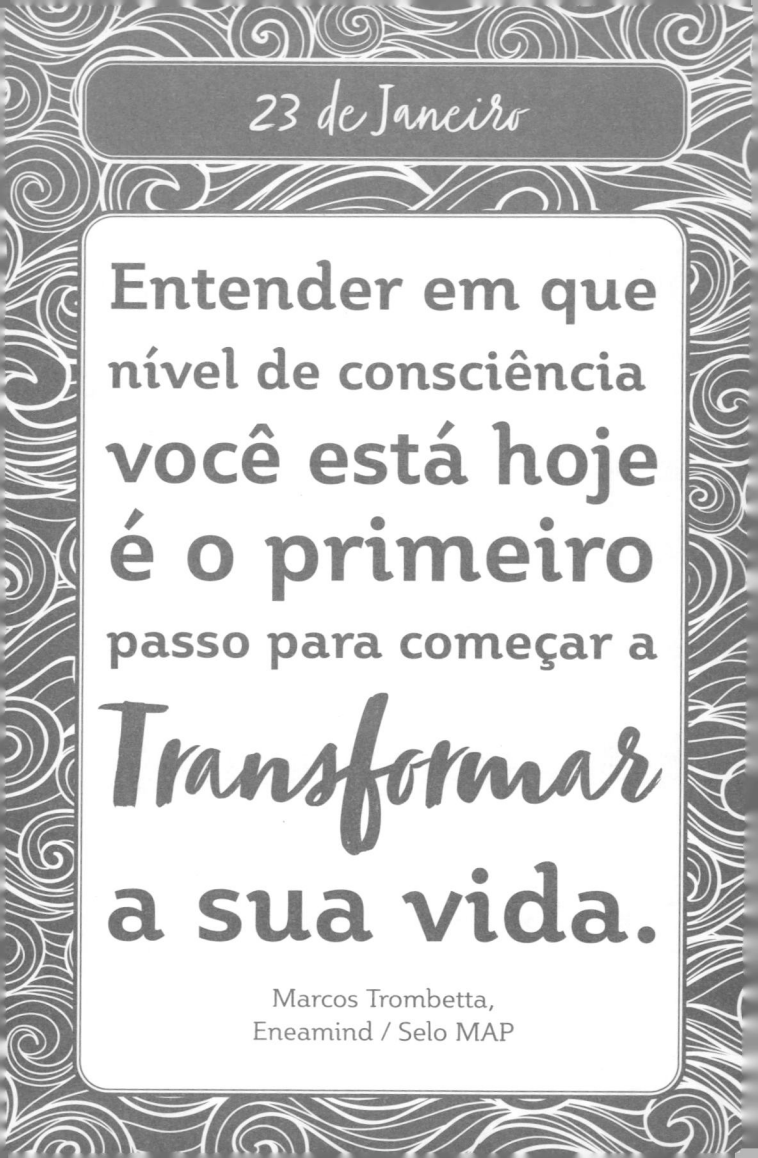

Entender em que nível de consciência você está hoje é o primeiro passo para começar a *Transformar* a sua vida.

Marcos Trombetta,
Eneamind / Selo MAP

24 de Janeiro

A nossa consciência se comunica com a **Matriz Divina** constantemente e a partir disso cria a nossa própria **realidade e experiências.**

Diego Araújo,
Códigos Para Uma Vida Extraordinária

25 de Janeiro

A gratidão funciona como um copo d'água de energia elevada, que mata a sua *sede de amor.*

Bruno Gimenes,
A Oração mais Poderosa de todos os Tempos

26 de Janeiro

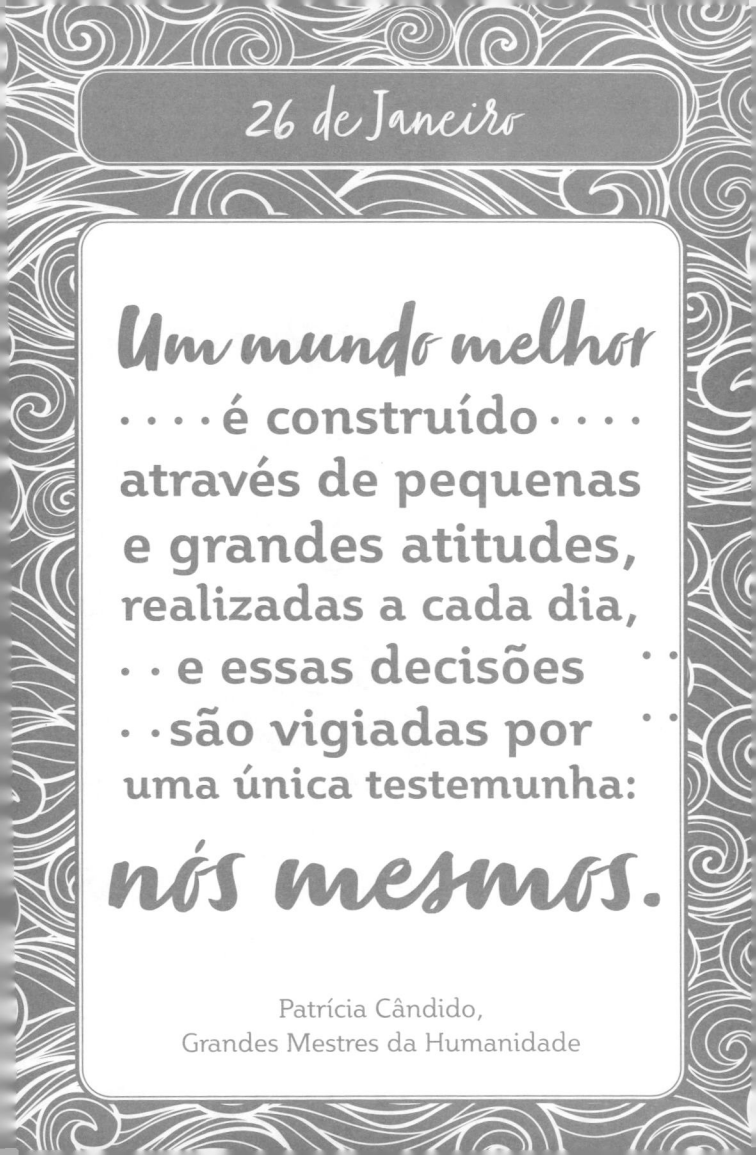

Um mundo melhor é construído através de pequenas e grandes atitudes, realizadas a cada dia, e essas decisões são vigiadas por uma única testemunha: nós mesmos.

Patrícia Cândido,
Grandes Mestres da Humanidade

27 de Janeiro

Não importa o tamanho dos desafios, mas o seu **poder** frente a eles.

Amanda Dreher,
Stop Ansiedade

28 de Janeiro

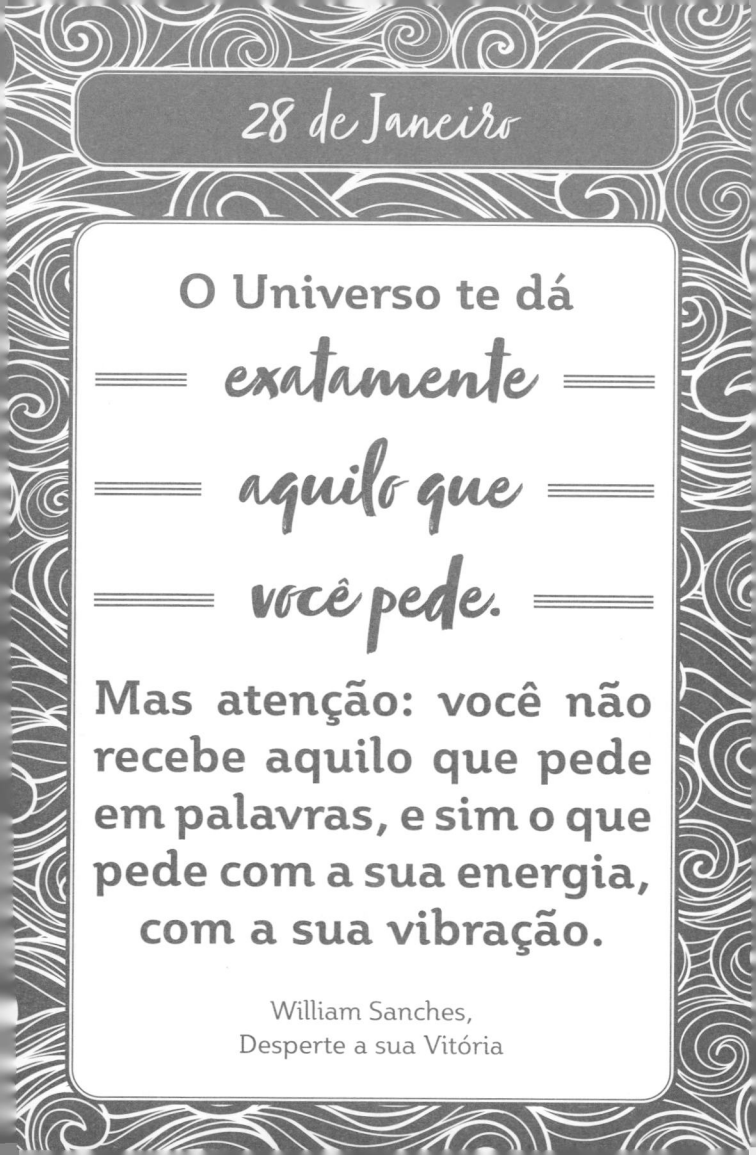

O Universo te dá *exatamente aquilo que você pede.*

Mas atenção: você não recebe aquilo que pede em palavras, e sim o que pede com a sua energia, com a sua vibração.

William Sanches,
Desperte a sua Vitória

29 de Janeiro

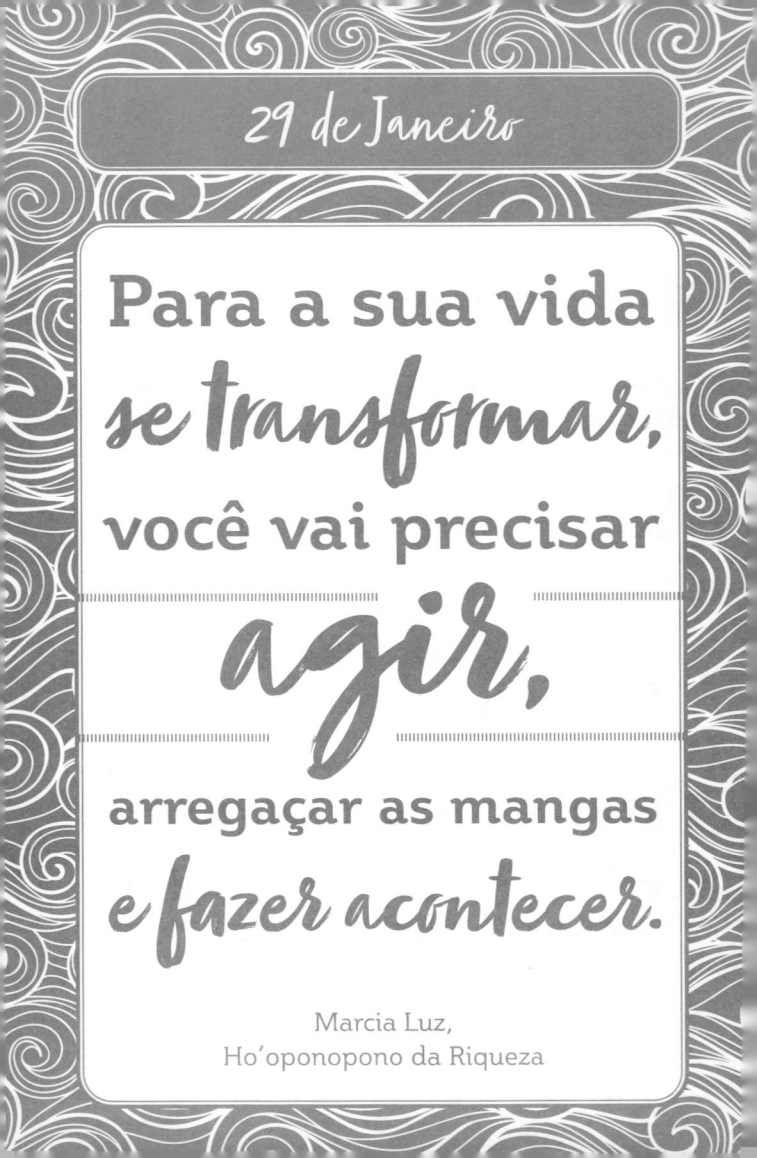

Para a sua vida *se transformar*, você vai precisar *agir*, arregaçar as mangas *e fazer acontecer.*

Marcia Luz,
Ho'oponopono da Riqueza

30 de Janeiro

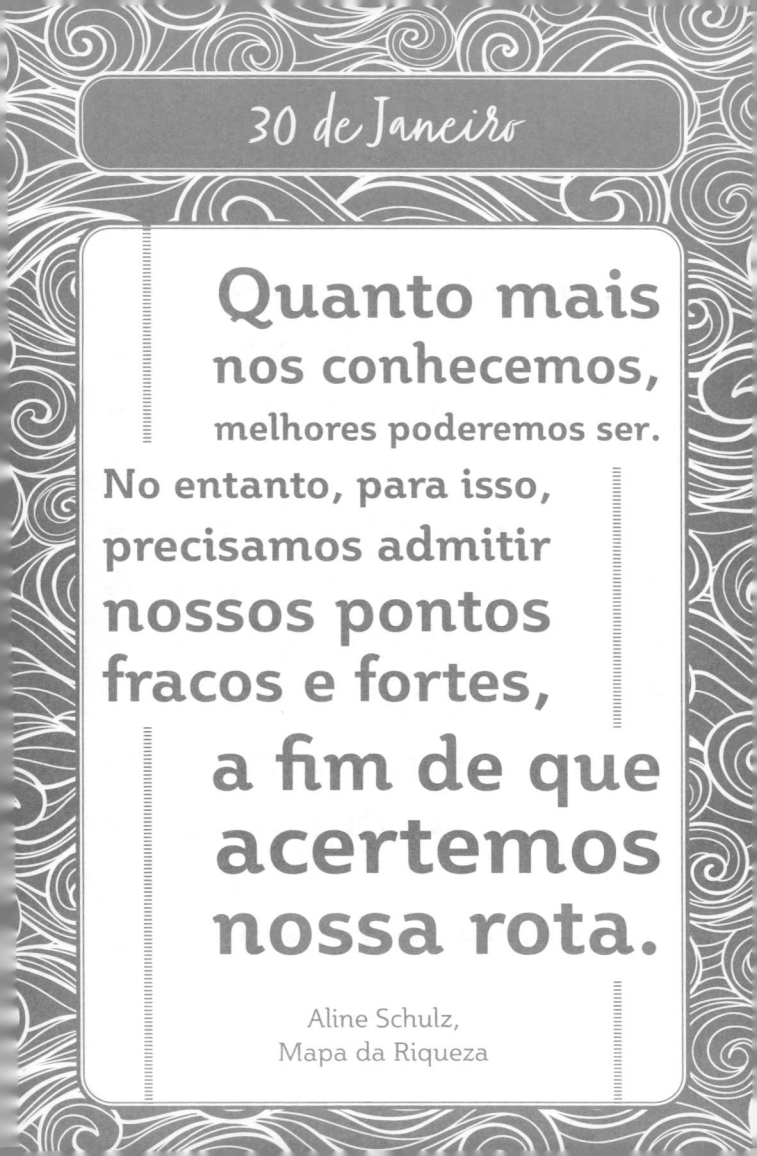

Quanto mais nos conhecemos, melhores poderemos ser. No entanto, para isso, precisamos admitir nossos pontos fracos e fortes, a fim de que acertemos nossa rota.

Aline Schulz,
Mapa da Riqueza

31 de Janeiro

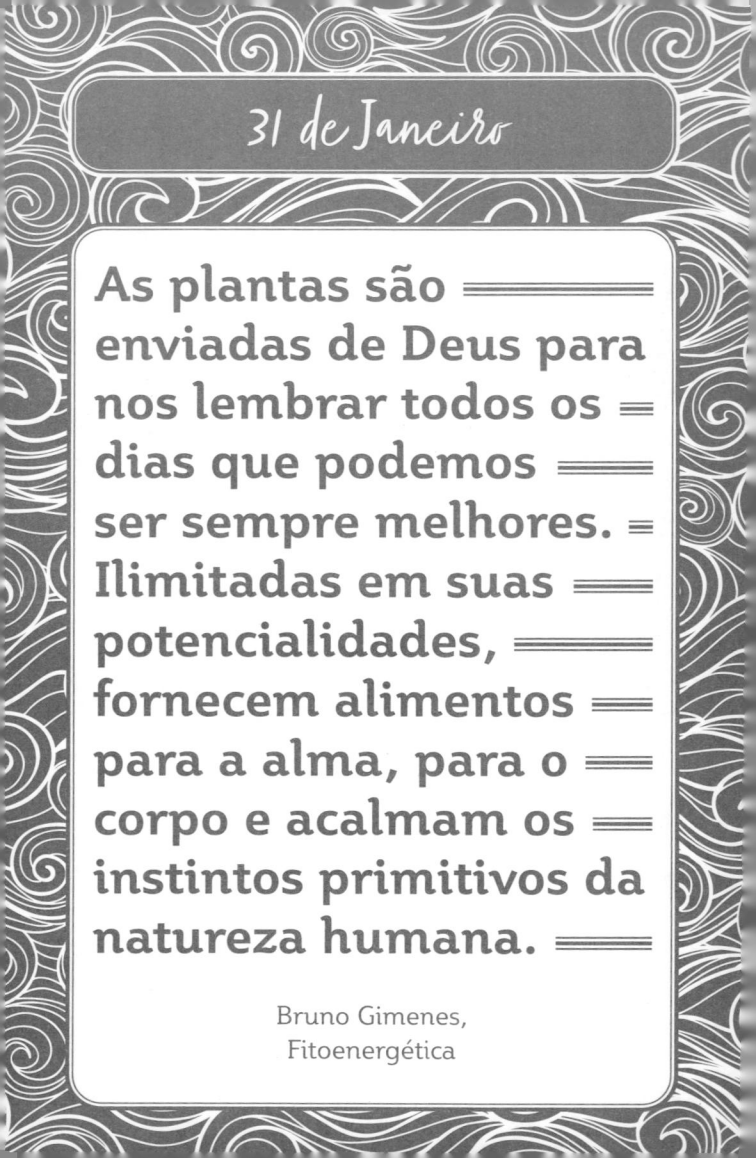

As plantas são enviadas de Deus para nos lembrar todos os dias que podemos ser sempre melhores. Ilimitadas em suas potencialidades, fornecem alimentos para a alma, para o corpo e acalmam os instintos primitivos da natureza humana.

Bruno Gimenes,
Fitoenergética

Fevereiro

1º de Fevereiro

Ame mais, perdoe mais, procure novos caminhos, comprometa-se mais, **estude mais,** conheça-se mais, limpe-se das suas crenças limitantes e *mude a sua realidade.*

Bruno Gimenes e Patrícia Cândido,
Conexão com a Prosperidade

2 de Fevereiro

O homem foi feito para sentir amor: esse é o nosso maior combustível, que nos traz estabilidade e alta performance em tudo o que fazemos. O amor é o que nos traz prazer, alegria, saúde e vitalidade.

Bruno Gimenes e Patrícia Cândido,
Manual de Magia com as Ervas

3 de Fevereiro

Creia que a vida sempre lhe dá mais do que o suficiente e, sobretudo, **acredite em você!**

Cátia Bazzan, Cuide-se

4 de Fevereiro

Divindade, limpe em mim as memórias que estão causando este problema. Transmute-as em *pura luz.*

Marcia Luz,
Ho'oponopono da Riqueza

5 de Fevereiro

Eu tenho fé

em mim mesmo e nas minhas habilidades.

Hávini Sá,
O Poder dos Mantras

6 de Fevereiro

Não há dinheiro no mundo que pague a sensação de ser útil à vida.

Wagner Borges,
Viagem Espiritual

7 de Fevereiro

A maior *liberdade* que podemos ter é a da mente.

Meditar Transforma,
Amanda Dreher

8 de Fevereiro

A vida que você está vivendo hoje é apenas uma das *infinitas* possibilidades no Universo.

William Sanches,
Desperte a sua Vitória

9 de Fevereiro

A melhor maneira de elevar a sua vibração **é vigiar os seus pensamentos, sentimentos e emoções, fazer a sua reforma íntima, seguir o seu caminho de luz.**

Bruno Gimenes,
Mistérios da Alma

10 de Fevereiro

Nosso maior desafio é ir além de nós mesmos. É nos permitir retirar, diante do outro, as máscaras que carregamos no dia a dia e que são o motivo pelo qual vamos nos distanciando das pessoas ao longo do tempo, porque um dos maiores medos da Humanidade é se entregar ao outro.

Aline Schulz,
O Tratado do Amor

11 de Fevereiro

Em vez de ter medo de fracassar, **experimente agradecer** pelas suas vitórias. A sua perspectiva sobre a própria vida mudará significativamente, e para muito melhor!

Marcia Luz,
Minuto da Gratidão

12 de Fevereiro

Tudo o que vive tem o direito irrevogável de *evoluir* ao máximo.

Bruno Gimenes,
O Tratado da Prosperidade

13 de Fevereiro

A partir do momento que você estiver em algum lugar da natureza, de alma entregue e grato por aquele momento, já estará em contato com a **espiritualidade**.

Marcelo U. Syring,
O Poder das Cores

14 de Fevereiro

O mal não é uma realidade.

Ele está real, ele existe por enquanto, onde há ignorância, e pode ser dissipado, aniquilado se assim o ser humano quiser, pois foi ele mesmo quem o criou e através do seu livre-arbítrio.

Patrícia Cândido,
O Caminho do Buscador

15 de Fevereiro

Evolua por inteligência e amor, seja feliz!

Não deixe as ondas negativas embrulharem o seu presente. Pelo contrário, abra o pacote e revele a sua luz.

Wagner Borges,
Falando de Vida após a Morte

16 de Fevereiro

É preciso todos os dias, todos os dias mesmo, *sem falta,* encontrar momentos de paz e descanso mental.

Bruno Gimenes,
O Chamado da Luz

17 de Fevereiro

Mostre-se sempre pronto para servir a uma causa nobre: a causa da *vida*.

Ivan Maia,
O Samurai e o Guerreiro Interior

18 de Fevereiro

Milagre

é a sua capacidade de transformar problemas e oportunidades de evolução em *crescimento espiritual.*

Bruno Gimenes e Patrícia Cândido,
Evolução Espiritual na Prática

19 de Fevereiro

A sua família é um traje sob medida, é o ambiente perfeito para sua alma evoluir, para você crescer e desenvolver suas habilidades de relacionamento.

Patrícia Cândido,
Manifesto da Autoestima

20 de Fevereiro

Você tem que colocar **a ideia fixa na sua mente** e depois trabalhar de forma consciente para desenvolver as características que quer.

Marcos Trombetta,
Eneamind / Selo MAP

21 de Fevereiro

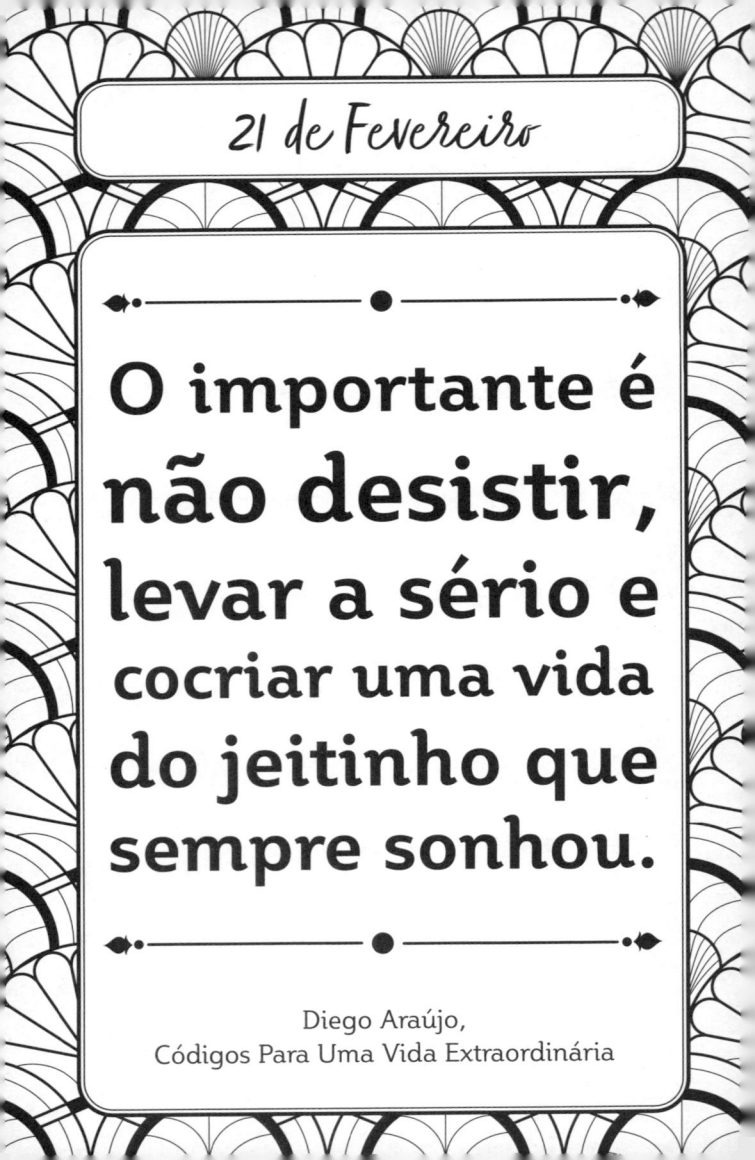

O importante é não desistir, levar a sério e cocriar uma vida do jeitinho que sempre sonhou.

Diego Araújo,
Códigos Para Uma Vida Extraordinária

22 de Fevereiro

O DNA dos **vencedores** é uma **vibração** de quem fala de **sucesso.** E você pode **desenvolvê-lo!** Fale do sucesso que quer ter.

Bruno Gimenes,
Seja Rico / Selo MAP

23 de Fevereiro

Que tal parar neste momento e realizar uma faxina em sua mente? Descartar aquilo que não serve mais abre espaço para o novo entrar em sua vida.

Aline Schulz,
Acordos Espirituais

24 de Fevereiro

Quando você aprender a gerenciar, dominar e controlar suas quatro matérias-primas *tempo, talento, tesouro e templo,* vai começar a usá-las para construir sua riqueza.

Tiago Fonseca,
Cresça, Apareça e Enriqueça / Selo MAP

25 de Fevereiro

Olhe para si mesmo no espelho e diga: "Hoje eu estou arrasando! Sou linda! Uma obra de arte!".

Patrícia Cândido,
Manifesto da Autoestima

26 de Fevereiro

Não deixe para *ser feliz* amanhã, *escolha* ser feliz *hoje*.

Amanda Dreher,
Stop Ansiedade

27 de Fevereiro

Somos resultados das nossas ações, pensamentos, sentimentos e **palavras de** muitas existências. Ou seja, somos resultados de nós mesmos.

Carmen Mírio,
Regressão para Crianças

28 de Fevereiro

A conexão com a natureza nos leva à harmonia: **nos gestos,** nos pensamentos, em nossas células.

Andressa Bortolasso,
Sintonia de Mãe

29 de Fevereiro

A prosperidade é muito vinculada aos nossos sentimentos e pensamentos, e à quantidade disponível de *amor* que temos para retribuir ao universo.

Patrícia Cândido, Cajados

Março

1º de Março

Precisamos muito uns dos outros, pois cada um se destaca onde tem maior habilidade, de acordo com as características e experiências de seu espírito.

Bruno Gimenes e Patrícia Cândido,
Evolução Espiritual na Prática

2 de Março

Agradeço

pela oportunidade que tenho de me regenerar e ser melhor a cada instante.

Bruno Gimenes e Patrícia Cândido,
O Criador da Realidade

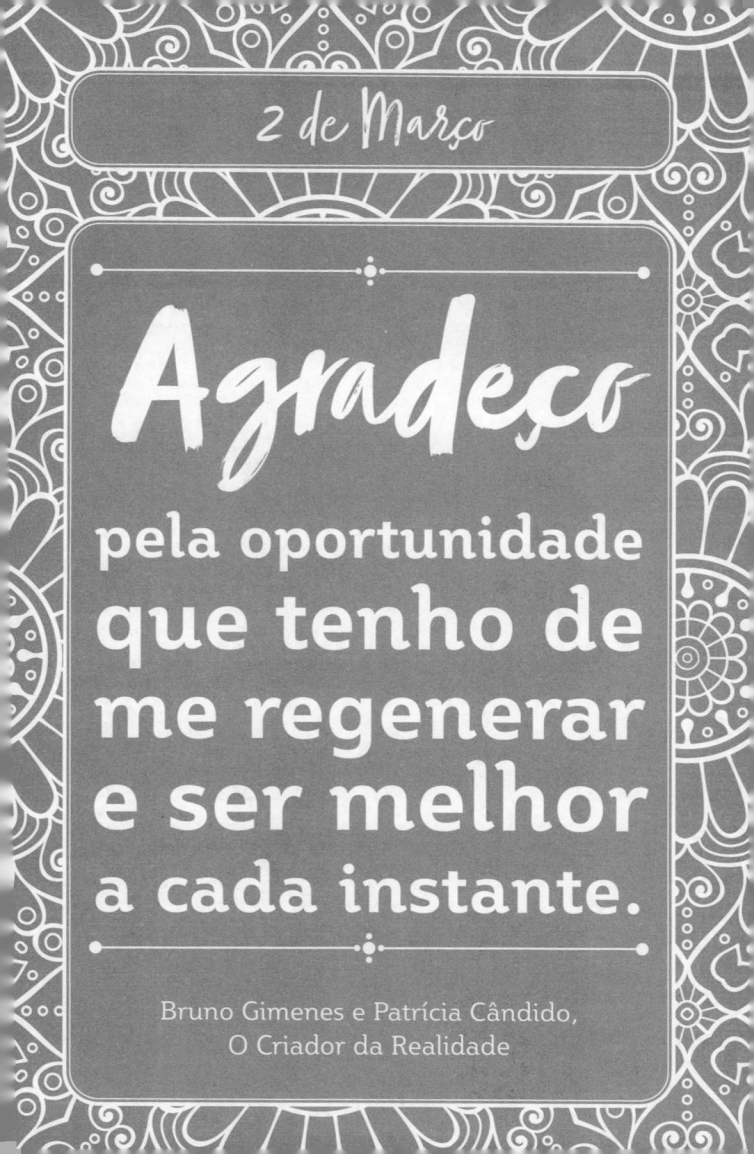

3 de Março

Perdoe-se mais, busque amenizar as ações equivocadas de outrora. Agora, permita-se crescer a cada instante, o que passou não volta mais. O hoje é o que importa, afinal é nele que vivemos. Mesmo com sintonia em vidas passadas, temos o poder de exercer o nosso livre-arbítrio no presente.

Aline Schulz,
Acordos Espirituais

4 de Março

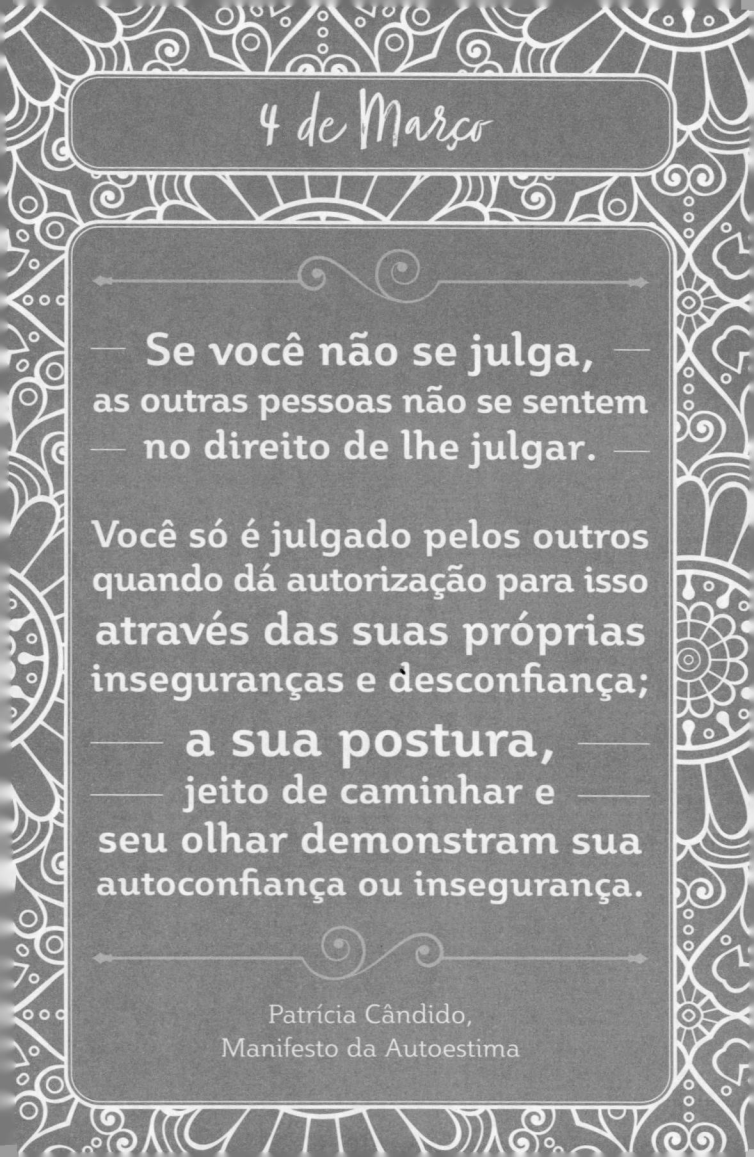

— **Se você não se julga,** —
as outras pessoas não se sentem
— no direito de lhe julgar. —

Você só é julgado pelos outros
quando dá autorização para isso
através das suas próprias
inseguranças e desconfiança;
— **a sua postura,** —
— jeito de caminhar e —
seu olhar demonstram sua
autoconfiança ou insegurança.

Patrícia Cândido,
Manifesto da Autoestima

5 de Março

Escolho *agora* focar nas soluções, ser positivo, otimista, ter fé em mim, ter fé na vida.

Amanda Dreher,
As Meditações Mais Poderosas de Todos os Tempos

6 de Março

O Amor é um estado de **consciência, não se acha nem se compra, não se explica nem se prende ao tempo;** apenas se sente.

Wagner Borges,
Falando de Vida após a Morte

7 de Março

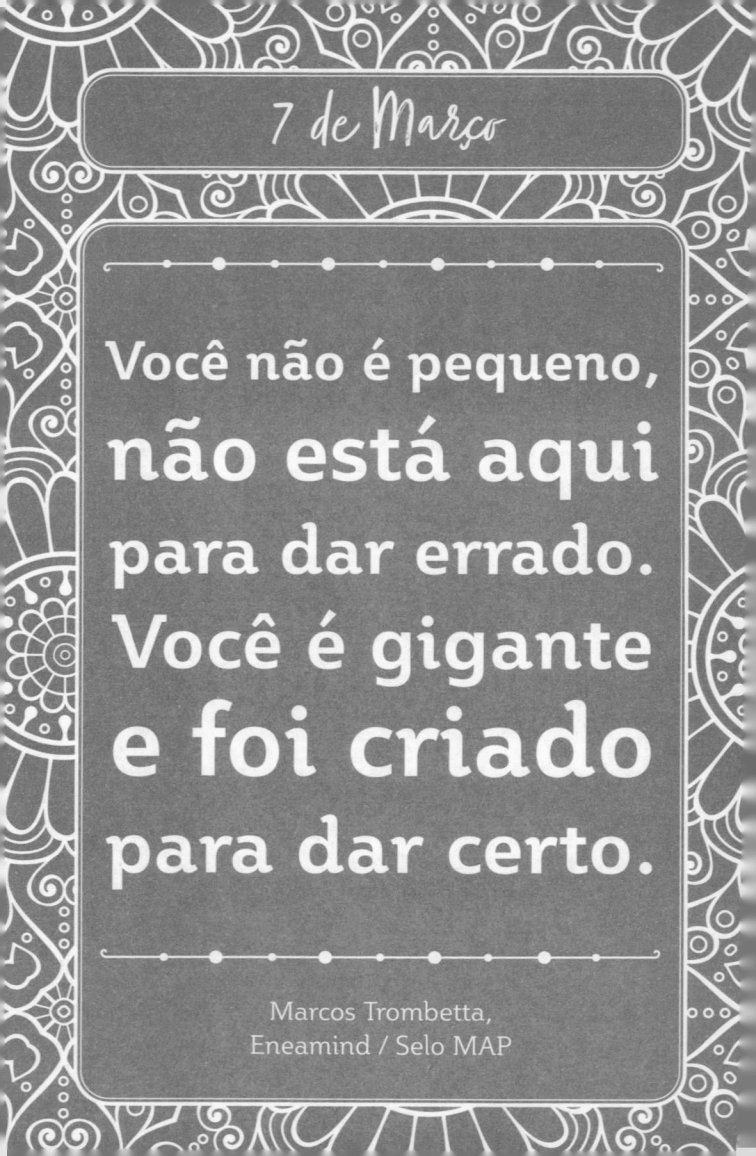

Você não é pequeno, não está aqui para dar errado. Você é gigante e foi criado para dar certo.

Marcos Trombetta,
Eneamind / Selo MAP

8 de Março

E se você for uma boa referência para as outras pessoas, tanto nos cuidados consigo mesmo quanto com os outros, você já está transformando **tudo** ao seu redor.

Patrícia Cândido,
Código da Alma

9 de Março

Tudo o que você ver, ouvir, provar, tocar ou, de alguma forma, experimentar é de sua responsabilidade, pois se apareceu na sua realidade é porque de alguma maneira você é responsável por isso.

Marcia Luz,
Ho'oponopono da Riqueza

10 de Março

Lembre-se que a energia que jogamos ao Universo *recebemos* de volta – é assim que funciona a Lei da Atração.

Diego Araújo,
Códigos Para Uma Vida Extraordinária

11 de Março

Eu sigo minha *intuição* e sei que tudo vem a mim no momento e na ordem certa.

Hávini Sá,
O Poder dos Mantras

12 de Março

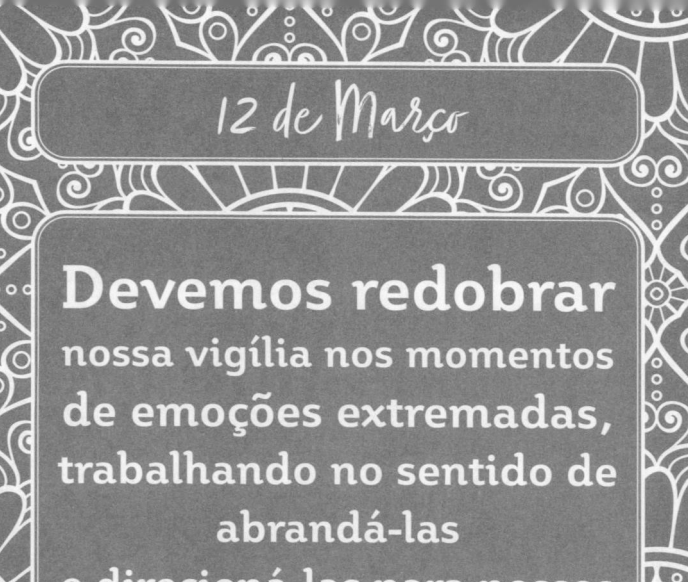

Devemos redobrar nossa vigília nos momentos de emoções extremadas, trabalhando no sentido de abrandá-las e direcioná-las para nossos objetivos mais elevados, porque assim conseguiremos acelerar muito nossa evolução.

Bruno Gimenes,
Ativações Espirituais

13 de Março

Nenhum salário ou estabilidade valem o tempo que você vai *desperdiçar* fazendo o que não gosta.

Patrícia Cândido,
Cajados

14 de Março

Tome essa regra para você: não fale de pessoas. Fale de ideias e propósitos. Se for para falar de alguém, fale bem!

Tiago Fonseca,
Cresça, Apareça e Enriqueça / Selo MAP

15 de Março

Você não é dono de ninguém e ninguém é dono de você.

Bruno Gimenes e Patrícia Cândido, Evolução Espiritual na Prática

16 de Março

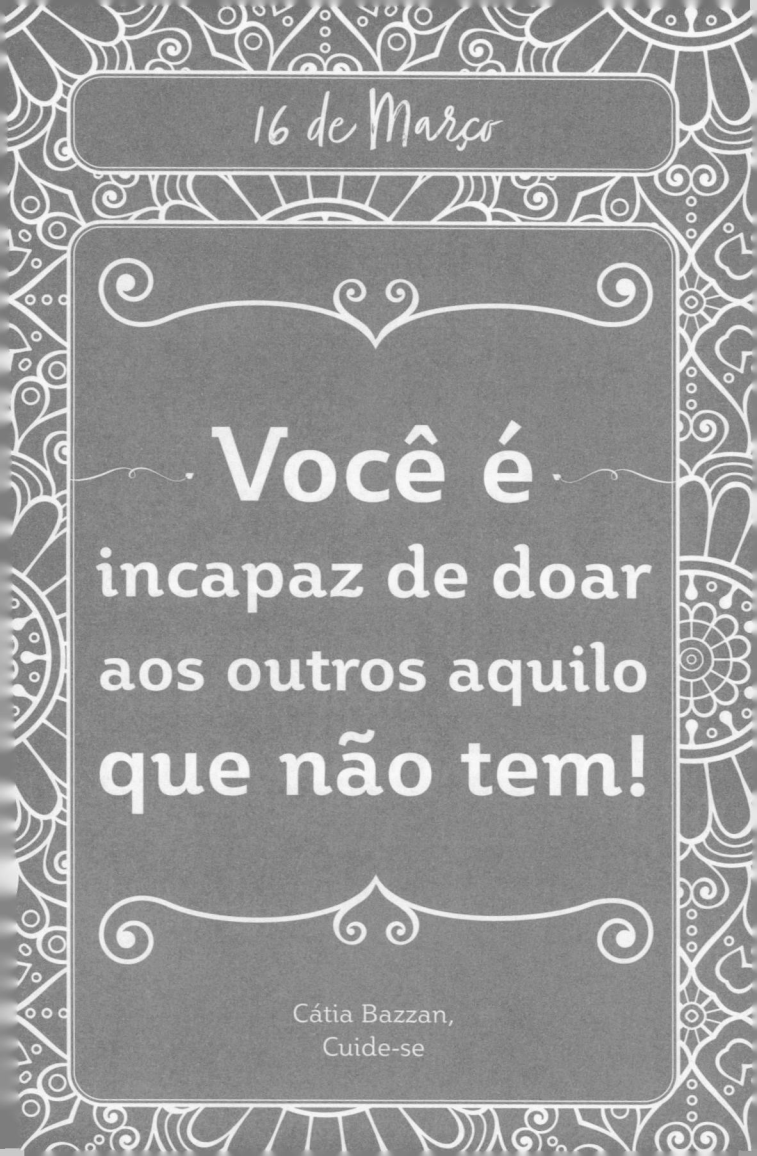

Você é incapaz de doar aos outros aquilo que não tem!

Cátia Bazzan,
Cuide-se

17 de Março

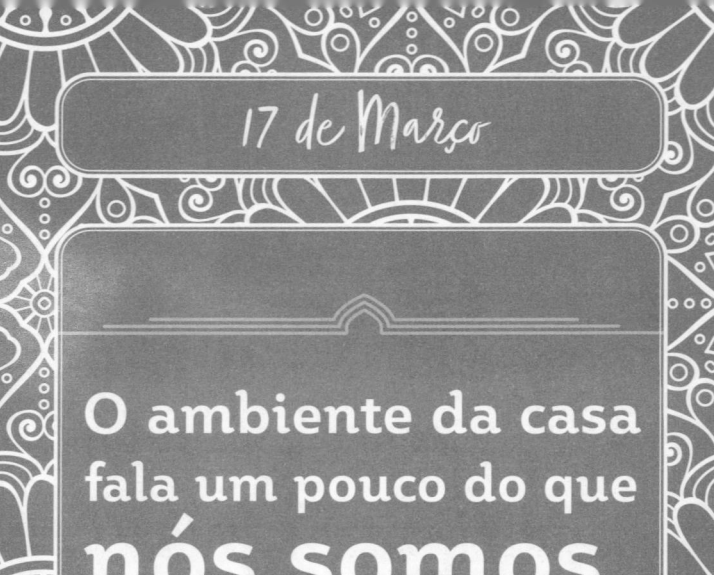

O ambiente da casa fala um pouco do que **nós somos,** pois o local onde moramos, geralmente, representa um reflexo da casa interior de cada um de nós.

Marcelo U. Syring,
O Poder das Cores

18 de Março

Aprenda antes a reconhecer as situações nas quais você deve ficar **em silêncio,** pois o silêncio é algo que jamais será mal interpretado.

Ivan Maia,
O Samurai e o Guerreiro Interior

19 de Março

Toda alma que focar sua atenção na cura *de suas emoções* encontrará êxito, porque esse é o *motivo maior* da existência para cada ser encarnado.

Bruno Gimenes,
Os Símbolos de Força

20 de Março

Você não acha que merece o melhor, que merece estar **na alegria**, na espiral que te leva para cima? Eu tenho certeza **que sim!**

William Sanches,
Desperte a sua Vitória

21 de Março

O quanto realmente você ama a pessoa ao seu lado?

Você a ama a ponto de se *desapegar dela*?

Aline Schulz,
O Tratado do Amor

22 de Março

Agradeça
por todas as oportunidades de exercitar a **verdade.**

Marcia Luz,
Minuto da Gratidão

23 de Março

O mundo só vai evoluir se mudarmos a forma de acolher nossas crianças.

Andressa Bortolasso,
Sintonia de Mãe

24 de Março

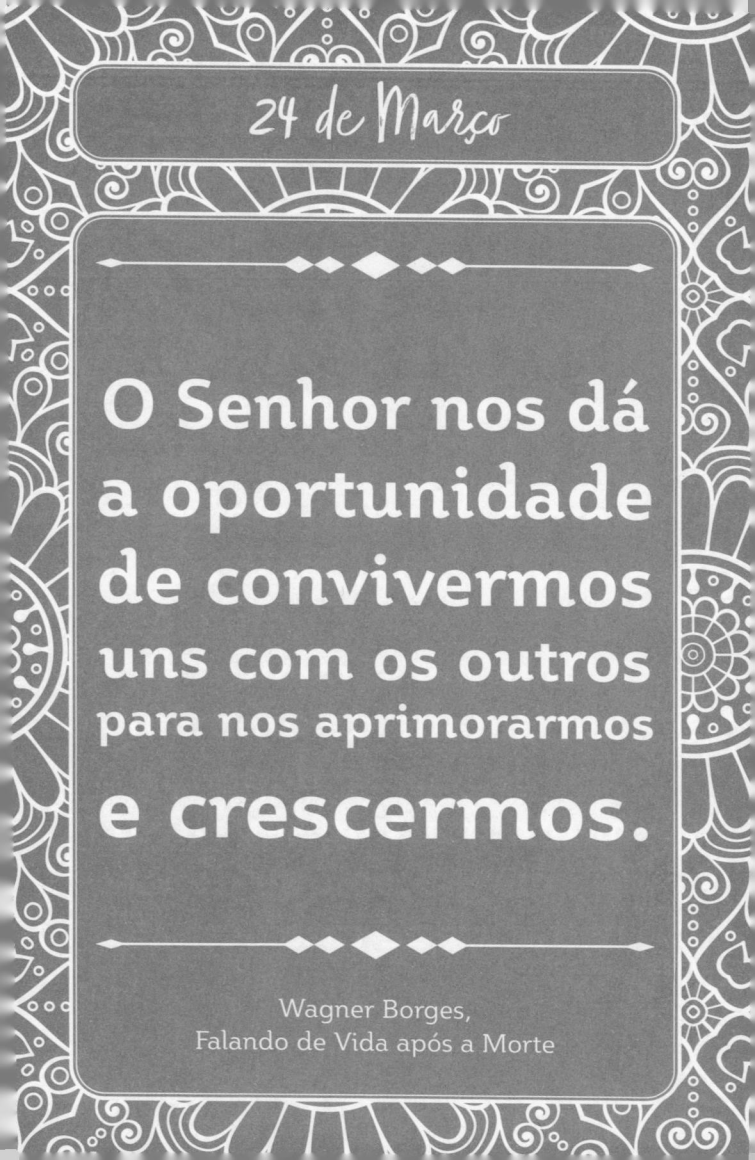

O Senhor nos dá a oportunidade de convivermos uns com os outros para nos aprimorarmos e crescermos.

Wagner Borges,
Falando de Vida após a Morte

25 de Março

Prosperidade

não tem ligação nenhuma com a carreira que você escolheu, mas sim com as suas atitudes, emoções, seus pensamentos e habilidade de produzir renda; e isso depende muito mais do seu fluxo de energia do que de sua capacidade intelectual.

Patrícia Cândido,
Manifesto da Autoestima

26 de Março

Se você está com a mente ocupada com os assuntos das outras pessoas, **quem está cuidando da sua vida?**

Amanda Dreher,
Stop Ansiedade

27 de Março

Pratique a gratidão pelo seu passado, pela sua caminhada, pelas pessoas que cruzaram seu caminho, sem elas você não estaria onde está. Agradeça e siga em frente.

Aline Schulz,
Oráculo Terapêutico dos Acordos Espirituais

28 de Março

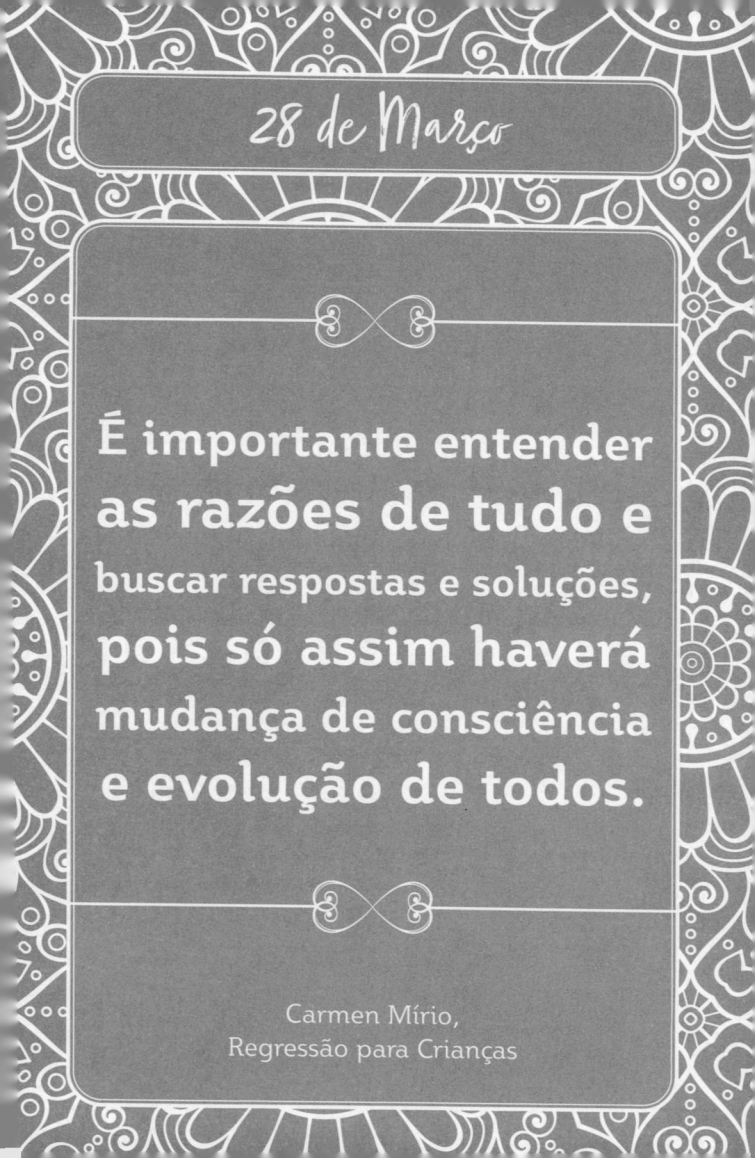

É importante entender as razões de tudo e buscar respostas e soluções, pois só assim haverá mudança de consciência e evolução de todos.

Carmen Mírio,
Regressão para Crianças

29 de Março

Sintonize-se na luz, busque sua essência espiritual, torne-se **grandioso** da maneira como **você puder.**

Bruno Gimenes,
Sintonia de Luz

30 de Março

Entender a dor e o momento evolutivo do outro é a maior *demonstração* de carinho e amor puro.

Patrícia Cândido,
Grandes Mestres da Humanidade

31 de Março

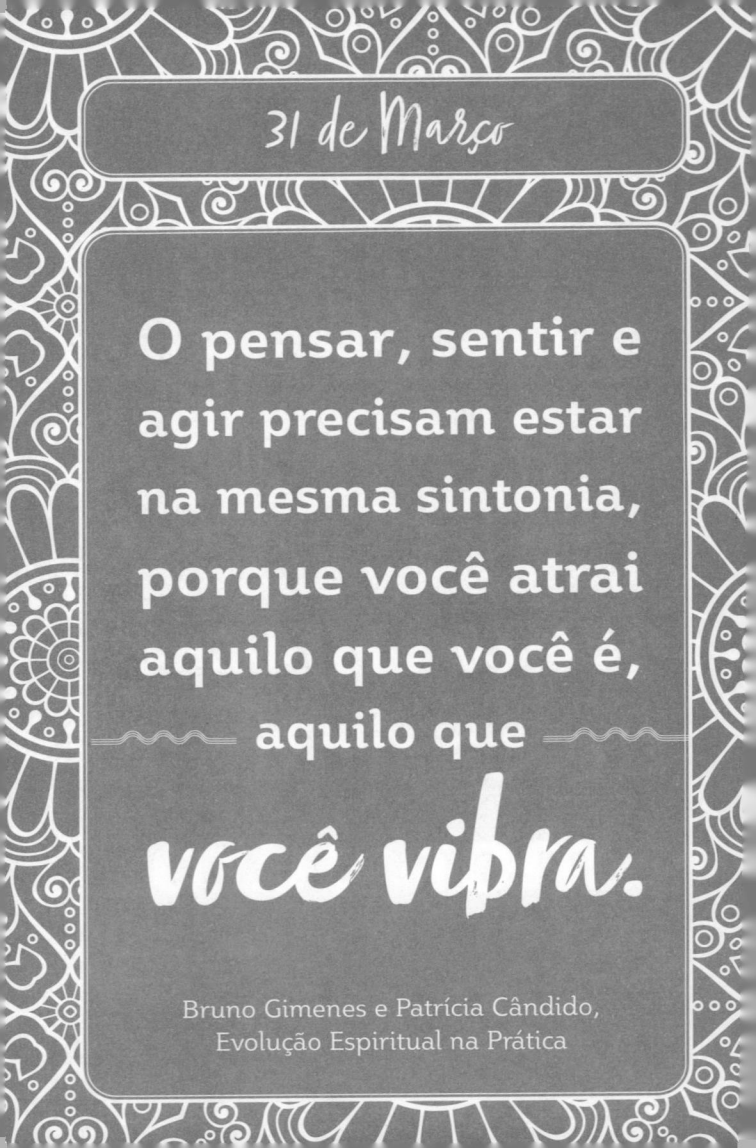

O pensar, sentir e agir precisam estar na mesma sintonia, porque você atrai aquilo que você é, aquilo que *você vibra.*

Bruno Gimenes e Patrícia Cândido,
Evolução Espiritual na Prática

Abril

1º de Abril

A natureza dispõe de tudo o que precisamos para sermos saudáveis, felizes e conscientes de nossa missão aqui no Planeta Terra. No reino vegetal, encontramos o **espírito das plantas, seres que interagem** perfeitamente com nossa alma, trazendo a cura, a energia e a **transformação das quais tanto precisamos.**

Bruno Gimenes e Patrícia Cândido,
Manual de Magia com as Ervas

2 de Abril

Estamos aqui neste mundo para expressarmos nossa **criatividade** de forma multidimensional e, quando estamos conectados **à Fonte Superior, nossa força cresce e o universo se expande** através da nossa vontade.

Bruno Gimenes e Patrícia Cândido,
O Criador da Realidade

3 de Abril

Preciso aproveitar *a preciosidade* de minha existência para ajudar a todos os outros seres na libertação do véu de ilusões em que vivemos.

Patrícia Cândido,
O Caminho do Buscador

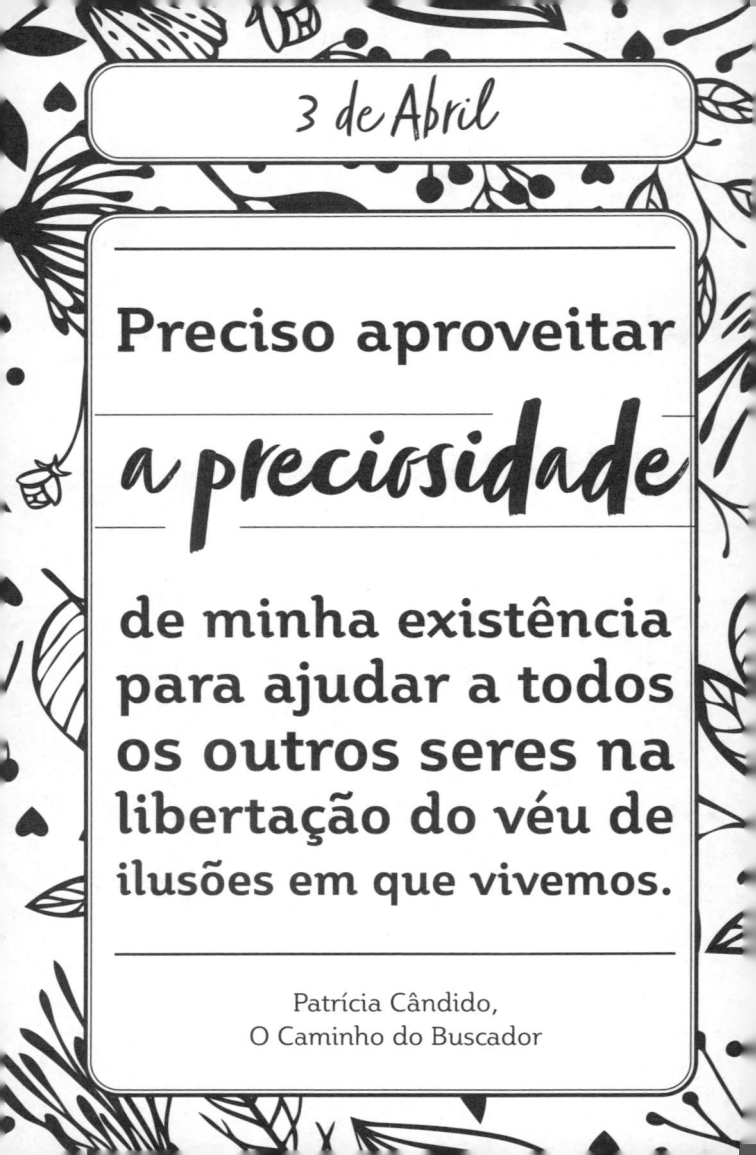

4 de Abril

Eu acredito *em você!* Você está pronto para acreditar também?

Bruno Gimenes,
Mistérios da Alma

5 de Abril

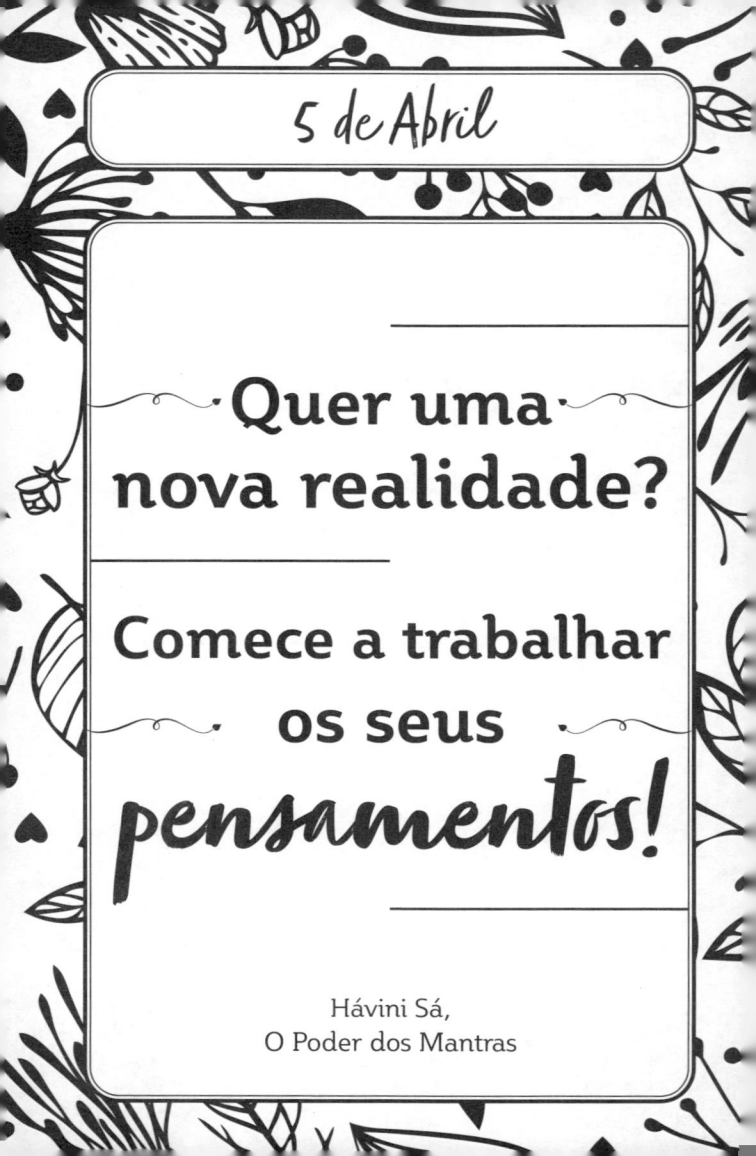

Quer uma nova realidade?

Comece a trabalhar os seus *pensamentos!*

Hávini Sá,
O Poder dos Mantras

6 de Abril

Não há obstáculos no meio do caminho, é só você e Deus, é só você e o Universo, é só você e o dono de toda a riqueza do mundo, **e essa riqueza é sua também,** porque ele é seu sócio.

Marcia Luz,
Ho'oponopono da Riqueza

7 de Abril

Agradecer

não é ignorar o que está ruim, mas enaltecer o que está bom.

Bruno Gimenes,
A Oração mais Poderosa de todos os Tempos

8 de Abril

Para ser feliz,

você pode optar por uma trajetória que leve à felicidade, pois a natureza do ser humano é o caminho do amor, **da alegria e da harmonia.**

Patrícia Cândido,
Cajados

9 de Abril

Quando você *esgota* as opções do que não deve fazer, só sobra uma única alternativa: *a correta!*

Tiago Fonseca,
Cresça, Apareça e Enriqueça / Selo MAP

10 de Abril

Quando você aprende que a vida lhe oferece oportunidades incríveis **todos os dias,** que basta você olhar ao redor e ver o quanto é rodeado **de bênçãos,** o seu coração se preenche e você começa a vibrar na abundância de tal forma, que tudo o que você deseja se torna possível e até mesmo real.

Cátia Bazzan,
Cuide-se

11 de Abril

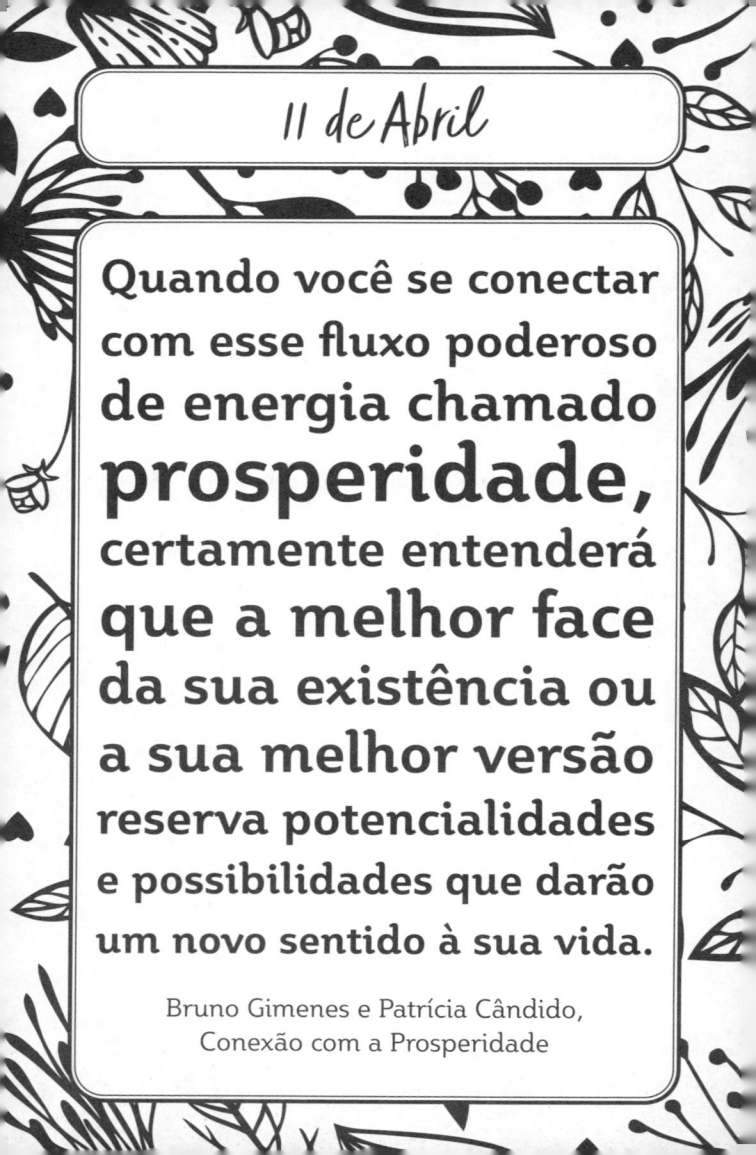

Quando você se conectar com esse fluxo poderoso de energia chamado **prosperidade,** certamente entenderá que a melhor face da sua existência ou a sua melhor versão reserva potencialidades e possibilidades que darão um novo sentido à sua vida.

Bruno Gimenes e Patrícia Cândido,
Conexão com a Prosperidade

12 de Abril

É necessário nos libertarmos dos conceitos que estão enraizados em nossas mentes, como o de que somos máquinas ou robôs que precisam produzir para cada vez mais acumular riquezas materiais. Os bens materiais existem para que tenhamos conforto, afinal, vivemos aqui, em um planeta material, mas jamais devemos nos tornar escravos do sistema.

Bruno Gimenes e Patrícia Cândido,
Evolução Espiritual na Prática

13 de Abril

Suas palavras são mantras:

jamais

reclame, fale palavrões, xingue, seja injusto ou negativo em suas palavras.

Bruno Gimenes,
Decisões

14 de Abril

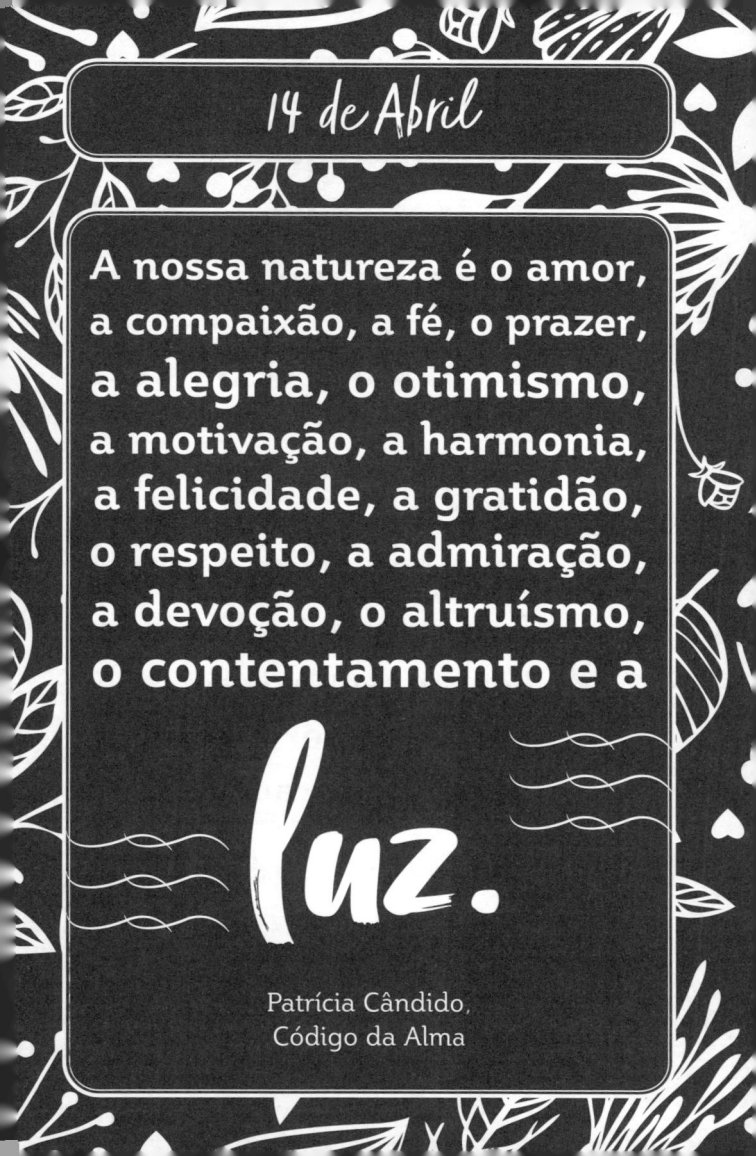

A nossa natureza é o amor, a compaixão, a fé, o prazer, a alegria, o otimismo, a motivação, a harmonia, a felicidade, a gratidão, o respeito, a admiração, a devoção, o altruísmo, o contentamento e a *luz*.

Patrícia Cândido,
Código da Alma

15 de Abril

Eu sou luz e sabedoria! Sou amor incondicional! Sou alegria e felicidade! Sou um centro de vontade, capaz de ser a causa e o criador de cada aspecto *da minha vida.*

Amanda Dreher,
As Meditações Mais Poderosas de Todos os Tempos

16 de Abril

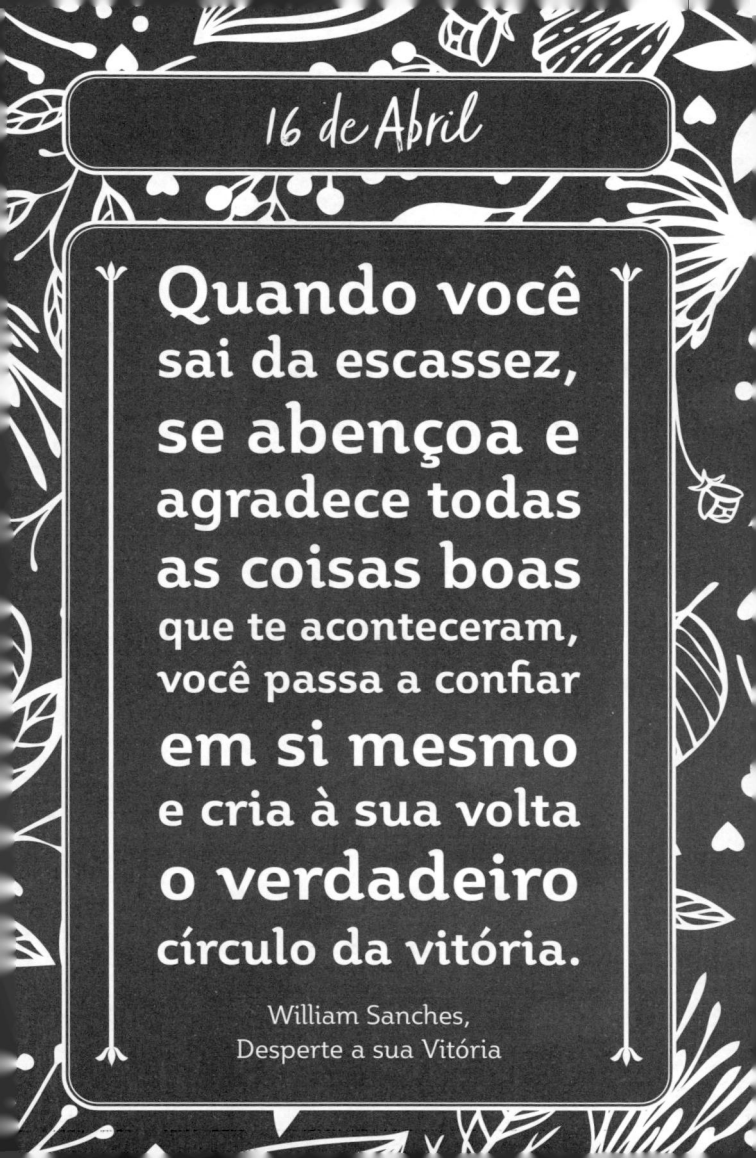

Quando você sai da escassez, se abençoa e agradece todas as coisas boas que te aconteceram, você passa a confiar **em si mesmo** e cria à sua volta **o verdadeiro** círculo da vitória.

William Sanches,
Desperte a sua Vitória

17 de Abril

O controle das emoções negativas, possivelmente, é o nosso maior desafio de vida. Isso porque se, por um lado, emoções negativas acumuladas adoecem, trazem limitações, tristeza, sentimento de vazio, medo e amargura, por outro lado, as emoções positivas curam, rejuvenescem, trazem felicidade, confiança e paz de espírito.

Bruno Gimenes,
Ativações Espirituais

18 de Abril

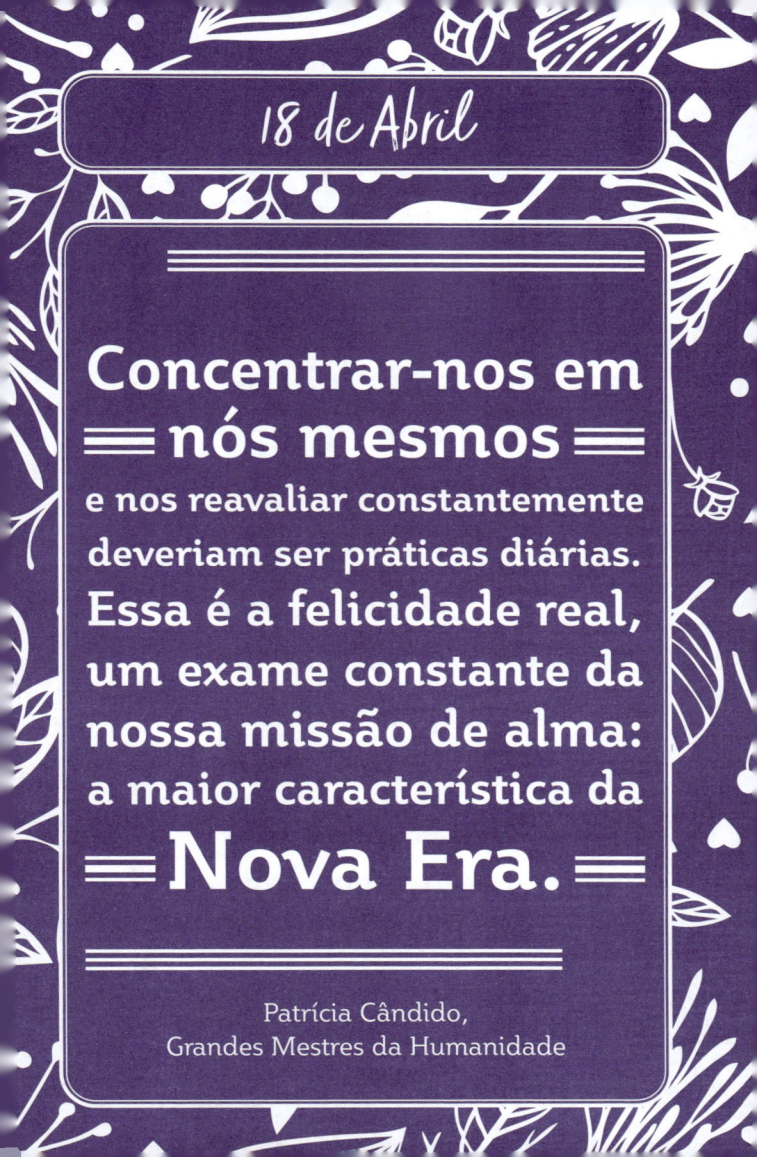

Concentrar-nos em nós mesmos e nos reavaliar constantemente deveriam ser práticas diárias. Essa é a felicidade real, um exame constante da nossa missão de alma: a maior característica da **Nova Era.**

Patrícia Cândido,
Grandes Mestres da Humanidade

19 de Abril

Você já encheu um balão e o esvaziou em seguida? Percebeu como ele não volta ao normal, após ter sido preenchido?

Nós somos assim! Como? **A cada nova experiência que temos, ou cursos que fazemos, ou livros que lemos, somos esse balão;** e não conseguimos voltar **a ser o que éramos.**

Aline Schulz,
Mapa da Riqueza

20 de Abril

Os seres de luz atuam sempre em benefício da evolução e do despertar das pessoas, ou de um grupo, e nunca para algum tipo de favorecimento do ego.

Marcelo U. Syring,
O Poder das Cores

21 de Abril

Da mesma forma que se abastece um carro **na vida diária,** pois senão ele para, é preciso encontrar um momento para abastecer a consciência **de vitalidade,** de energia boa.

Bruno Gimenes,
O Chamado da Luz

22 de Abril

A felicidade não deve **ser adiada,** deixada para depois. **Precisamos de** felicidade agora, pois ela é um combustível **fundamental em nosso cotidiano!**

Patrícia Cândido,
Manifesto da Autoestima

23 de Abril

Se você é uma pessoa que só fala de assuntos elevados, de coisas boas, de gratidão, de soluções e enfrenta a vida de forma altiva, está enviando ao Universo uma energia positiva que certamente retornará até você trazendo felicidade e plenitude para a sua existência.

Bruno Gimenes e Patrícia Cândido,
Manual de Magia com as Ervas

24 de Abril

Pense neste momento: O que o aprisiona? O que você faria se *fosse totalmente livre?*

Bruno Gimenes e Patrícia Cândido,
O Criador da Realidade

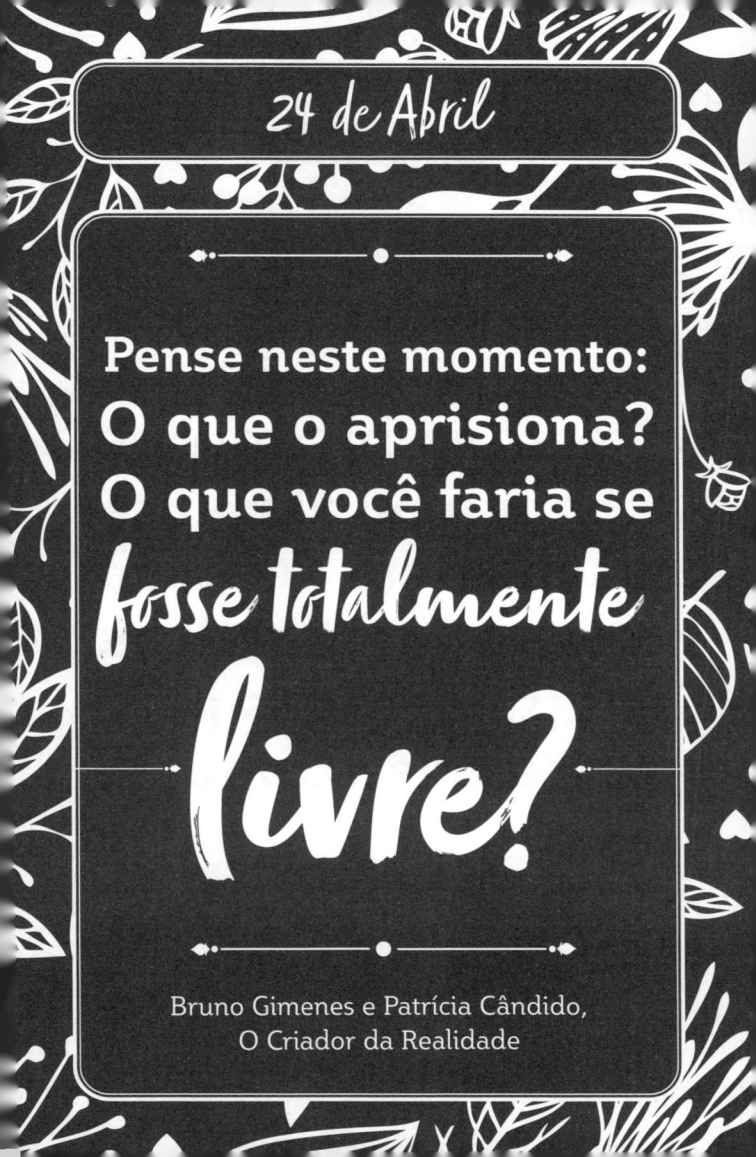

25 de Abril

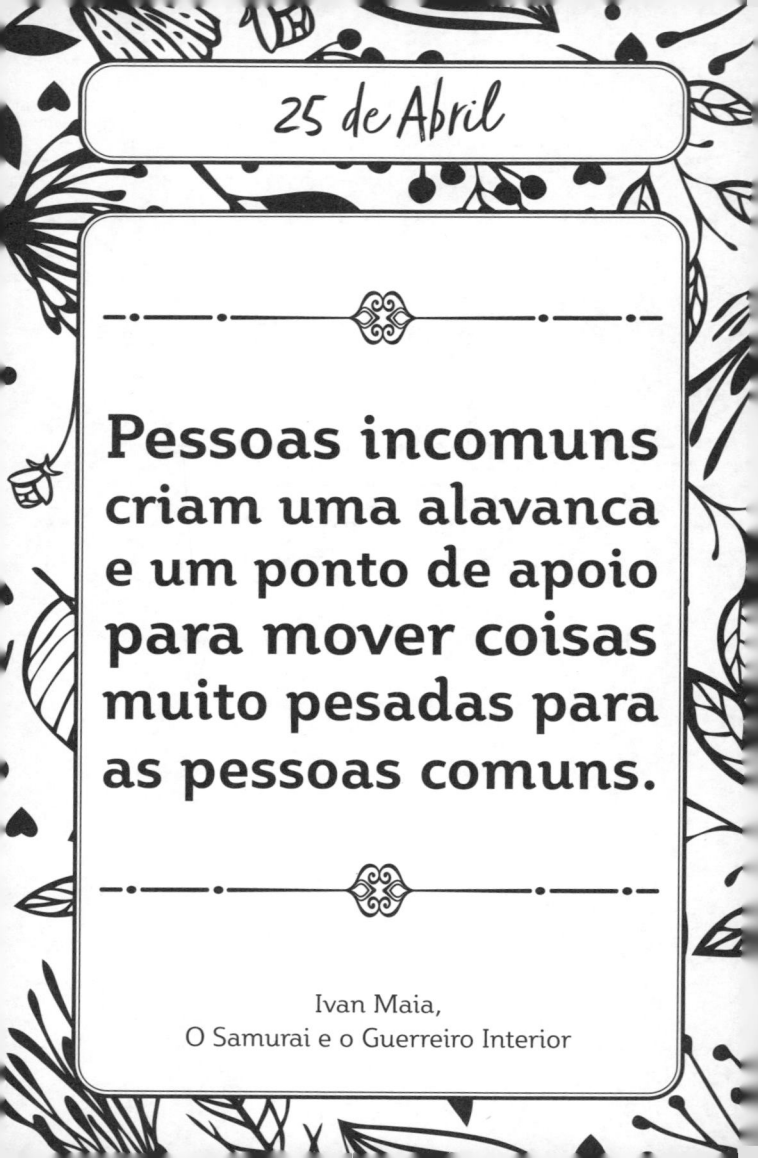

Pessoas incomuns criam uma alavanca e um ponto de apoio para mover coisas muito pesadas para as pessoas comuns.

Ivan Maia,
O Samurai e o Guerreiro Interior

26 de Abril

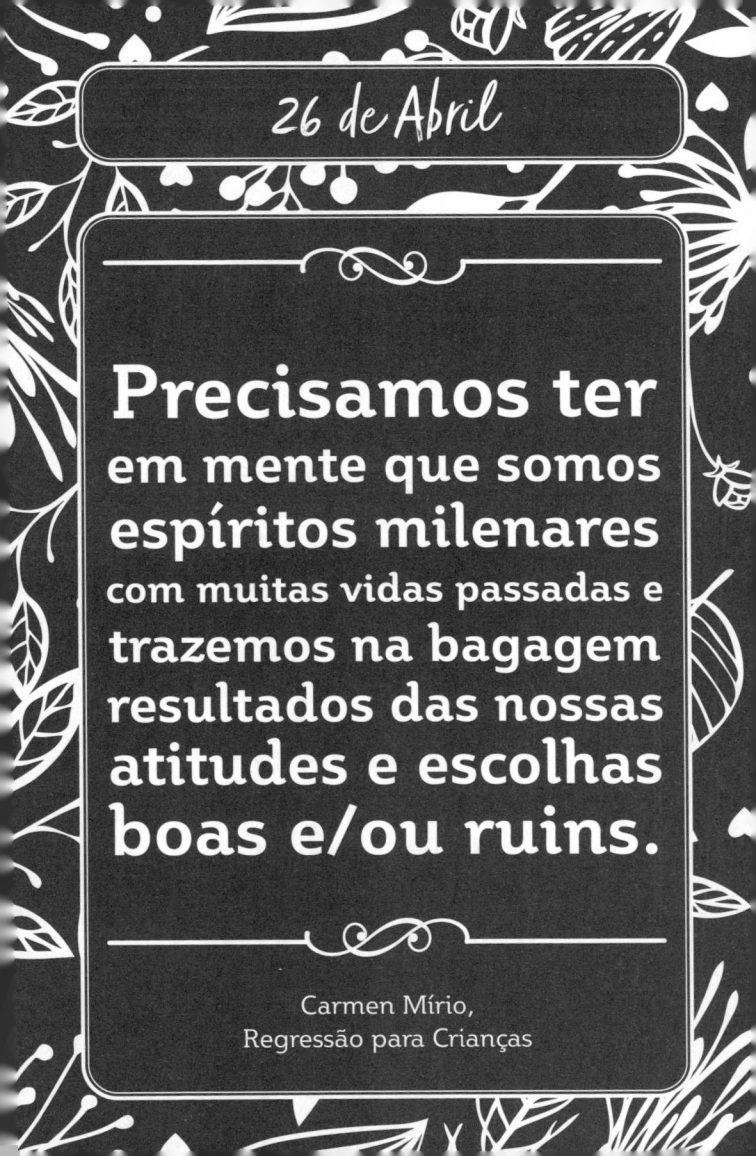

Precisamos ter em mente que somos espíritos milenares com muitas vidas passadas e trazemos na bagagem resultados das nossas atitudes e escolhas boas e/ou ruins.

Carmen Mírio,
Regressão para Crianças

27 de Abril

Prosperidade é um fluxo, é um caminho a ser seguido, é uma disciplina a ser mantida e um padrão a ser estabelecido.

Bruno Gimenes e Patrícia Cândido,
Conexão com a Prosperidade

28 de Abril

Não somos máquinas.

Somos partículas de Deus e, como Ele, devemos contemplar a beleza do natural.

Bruno Gimenes e Patrícia Cândido,
Evolução Espiritual na Prática

29 de Abril

A natureza não pode ser ensinada, mas pode ser apreendida por meio da nossa mente e do nosso coração. Você só consegue percebê-la e senti-la quando sua mente e seu coração estão alinhados com a vontade divina, como fazem os devas.

Patrícia Cândido,
O Caminho do Buscador

30 de Abril

Acredite, você nasceu para ser feliz. Nasceu para viver uma vida abundante. Nasceu para se tornar a melhor pessoa que puder ser neste plano.

Bruno Gimenes,
A Oração mais Poderosa de todos os Tempos

Maio

1º de Maio

Quanto tempo faz que você não fica sozinho **consigo mesmo,** recebendo apenas influência de seus próprios pensamentos? *Contemplar o silêncio* e alguns minutos de solitude é um antídoto **poderoso para** treinar o discernimento.

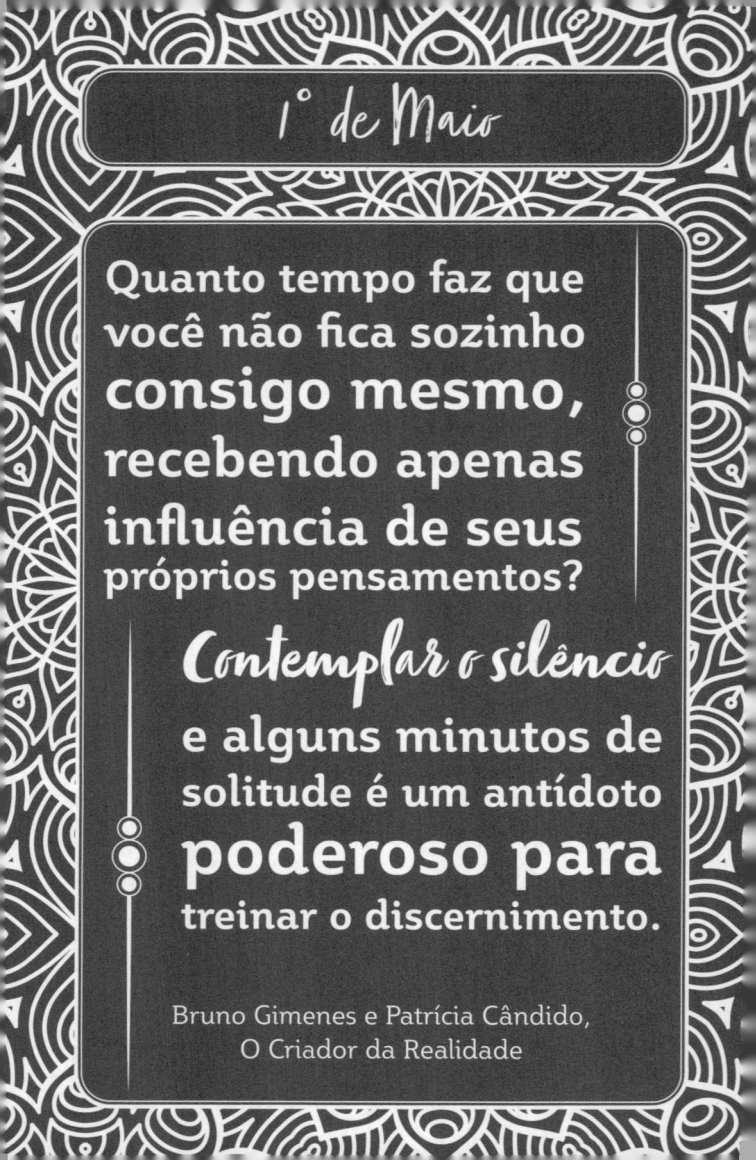

Bruno Gimenes e Patrícia Cândido,
O Criador da Realidade

2 de Maio

As plantas foram feitas sob medida para nos trazer saúde e, principalmente, consciência. O reino vegetal oferece uma vibração sutil capaz de nos despertar uma vontade de buscar equilíbrio, plenitude e curar de vez as mazelas que assolam a nossa alma: medo, tristeza, irritação, ansiedade, raiva, mágoa, egoísmo, desconfiança, desequilíbrio, baixa autoestima e sentimento de menos-valia.

Bruno Gimenes e Patrícia Cândido,
Manual de Magia com as Ervas

3 de Maio

Muitas pessoas afirmam que gostam de trabalhar para se distrair. Mas perguntamos aqui: distrair-se de quê? Provavelmente da evolução espiritual, pois quando ficamos sozinhos e quietos, isso nos incomoda. Nesses momentos somos obrigados a olhar para dentro de nós, e desse caminho surge uma realidade permeada pelos mais diversos conflitos. Começamos a perceber nossas inferioridades, medos, angústias e, principalmente, nossa covardia de assumir quem realmente somos: seres divinos.

Patrícia Cândido,
Grandes Mestres da Humanidade

4 de Maio

Se pudéssemos, um dia, entender que estamos neste mundo em uma missão muito nobre e que a nossa meta maior é a evolução, tudo poderia ser mais compreensível e simples. É importante entender que evoluir significa agregar muitos adjetivos como amor, compaixão, humildade e harmonia. Quando você evolui, contribui também para a evolução de todos os que estão à sua volta.

Bruno Gimenes,
Fitoenergética

5 de Maio

Nós estamos rodeados de uma inteligência infinita e absoluta que se conecta conosco constantemente. Está mais do que na hora de a humanidade inteira saber disso e utilizar esse conhecimento também. *É o seu direito divino.*

Diego Araújo,
Códigos Para Uma Vida Extraordinária

6 de Maio

É apenas por meio da *imaginação* que você vai criar coisas novas na sua vida.

Marcos Trombetta,
Eneamind / Selo MAP

7 de Maio

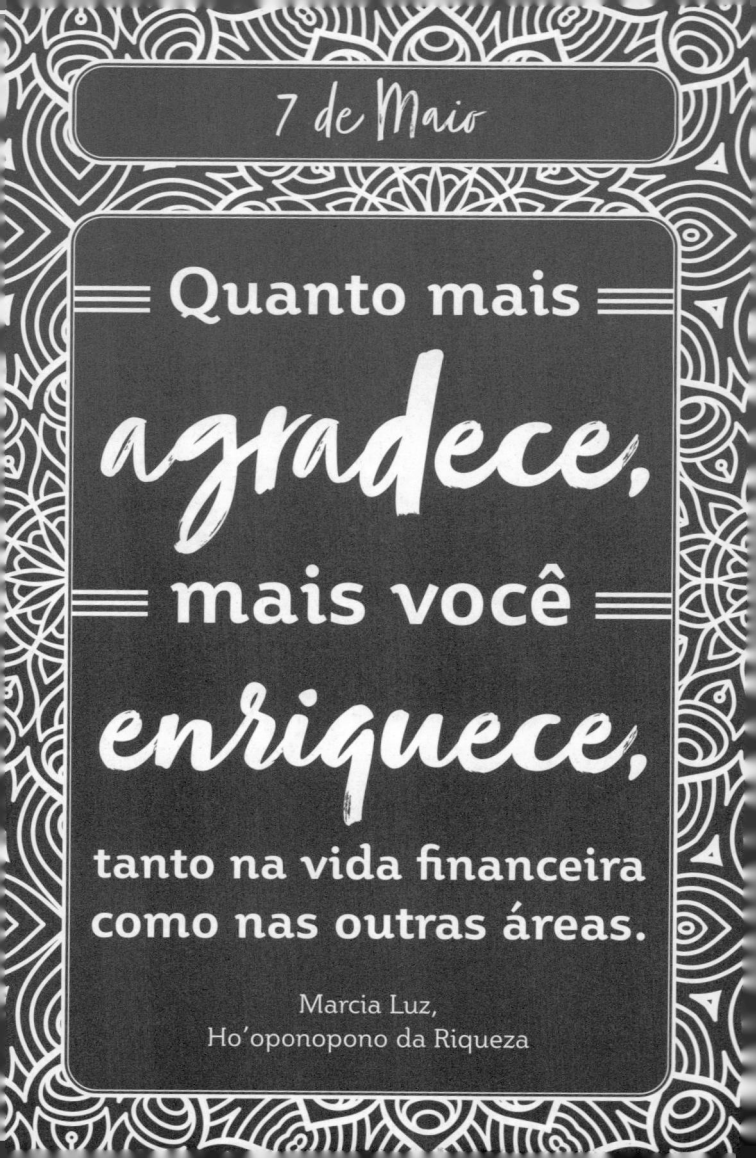

Quanto mais *agradece*, mais você *enriquece*, tanto na vida financeira como nas outras áreas.

Marcia Luz,
Ho'oponopono da Riqueza

8 de Maio

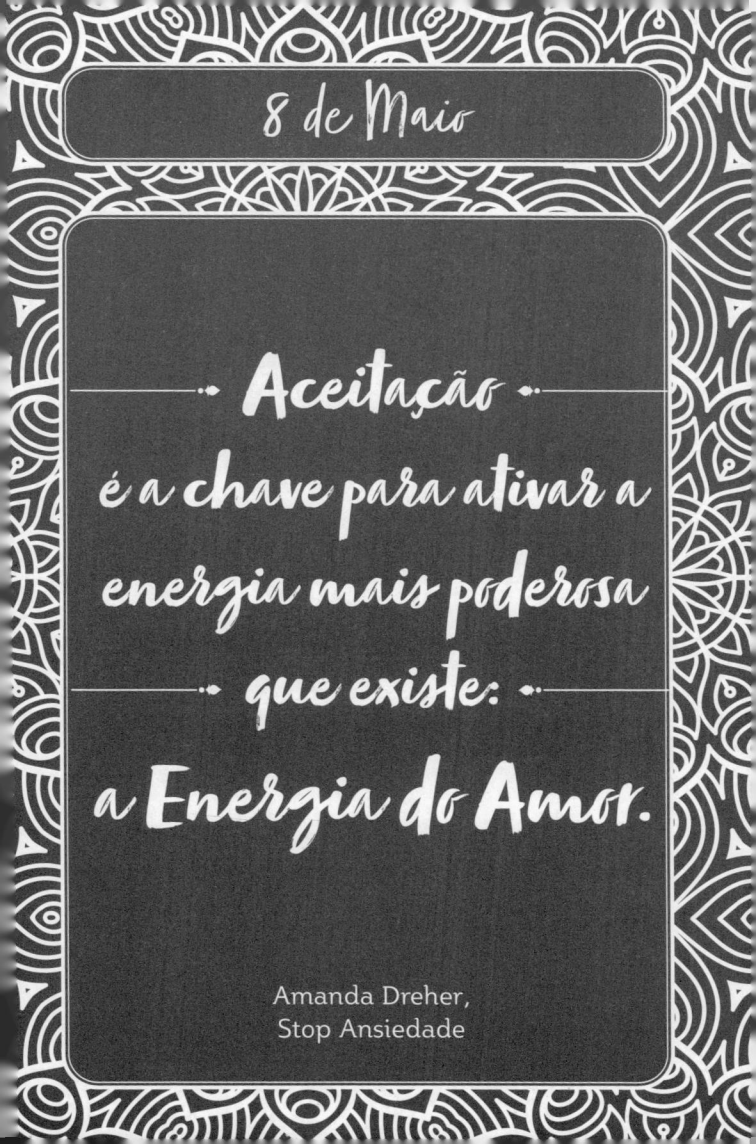

Aceitação é a chave para ativar a energia mais poderosa que existe: a Energia do Amor.

Amanda Dreher,
Stop Ansiedade

9 de Maio

A vida está para nossa essência, assim como a água está para o rio. Não adianta fugirmos da nossa missão maior, mesmo que a deixemos de lado. Nossa essência vai se manifestar sempre que os interesses do Eu do Ego sejam diferentes do Eu da Alma, e isso é inevitável.

Bruno Gimenes,
Decisões

10 de Maio

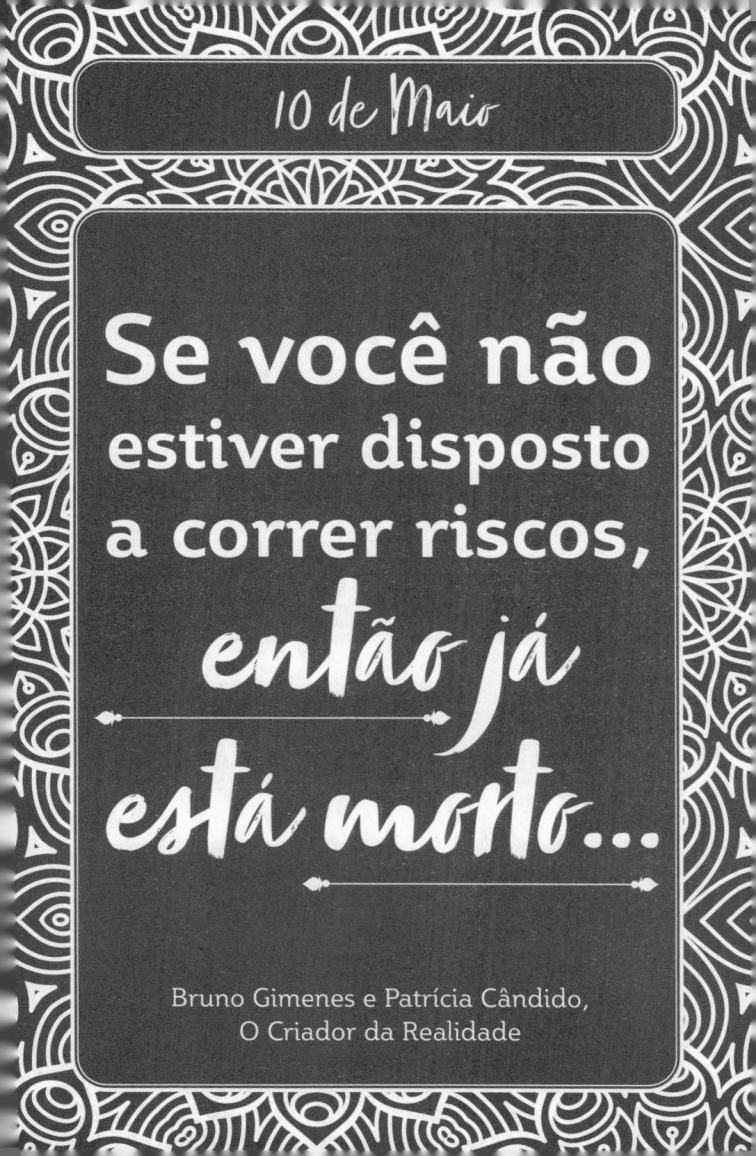

Se você não estiver disposto a correr riscos, então já está morto...

Bruno Gimenes e Patrícia Cândido,
O Criador da Realidade

11 de Maio

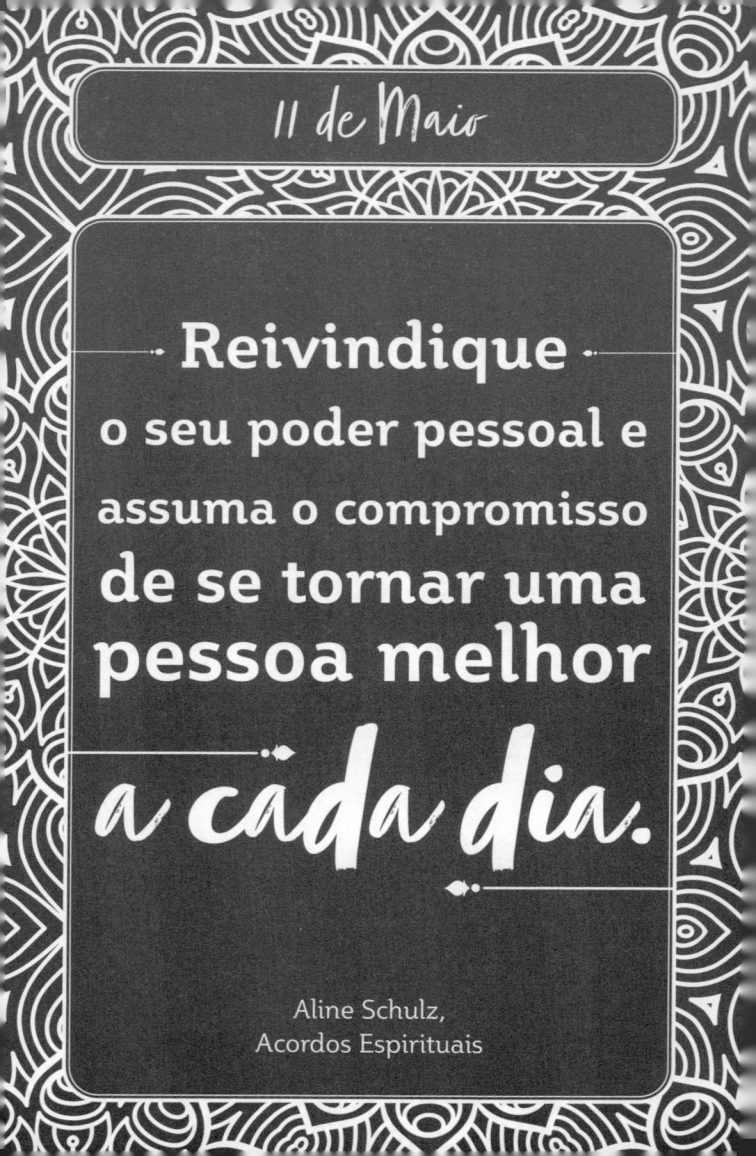

Reivindique
o seu poder pessoal e assuma o compromisso de se tornar uma pessoa melhor *a cada dia.*

Aline Schulz,
Acordos Espirituais

12 de Maio

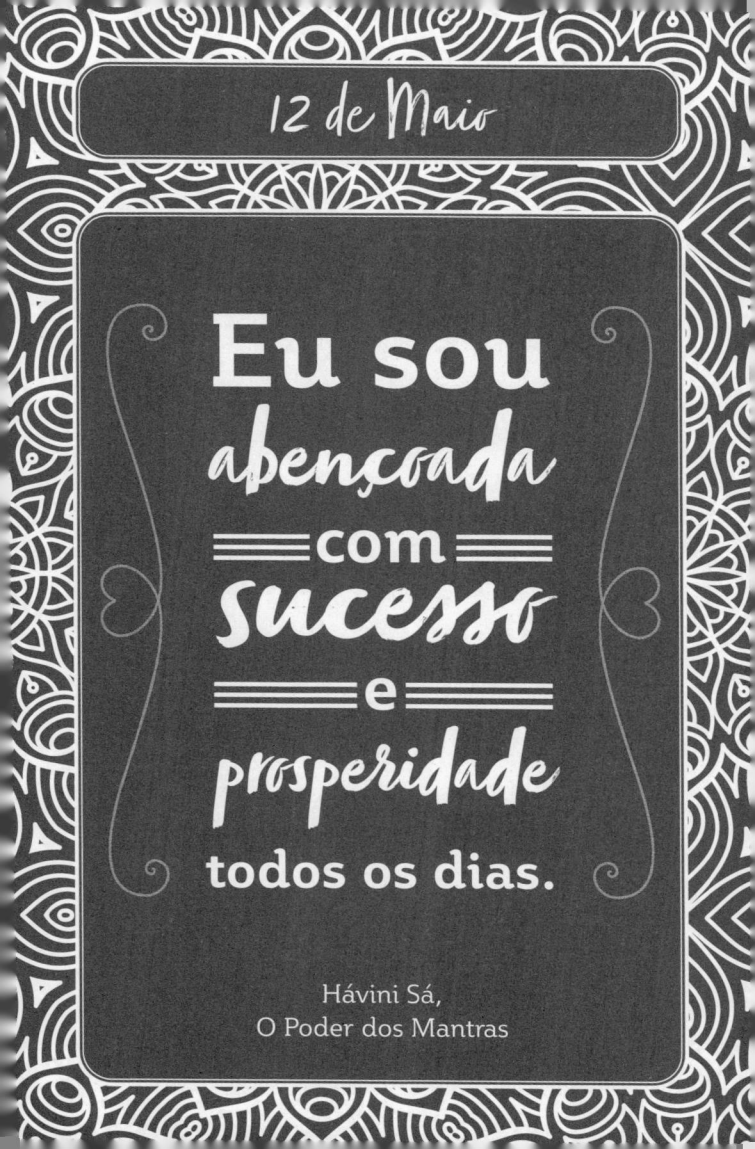

Eu sou abençoada com sucesso e prosperidade todos os dias.

Hávini Sá,
O Poder dos Mantras

13 de Maio

Uma pessoa não pode viver a sua vida sem ter um conhecimento claro da finalidade de sua existência e sem estar agindo nessa mesma direção.

Bruno Gimenes,
O Chamado da Luz

14 de Maio

Nós existimos só para expressarmos a nossa beleza, sermos felizes e sentirmos amor.

Patrícia Cândido,
Código da Alma

15 de Maio

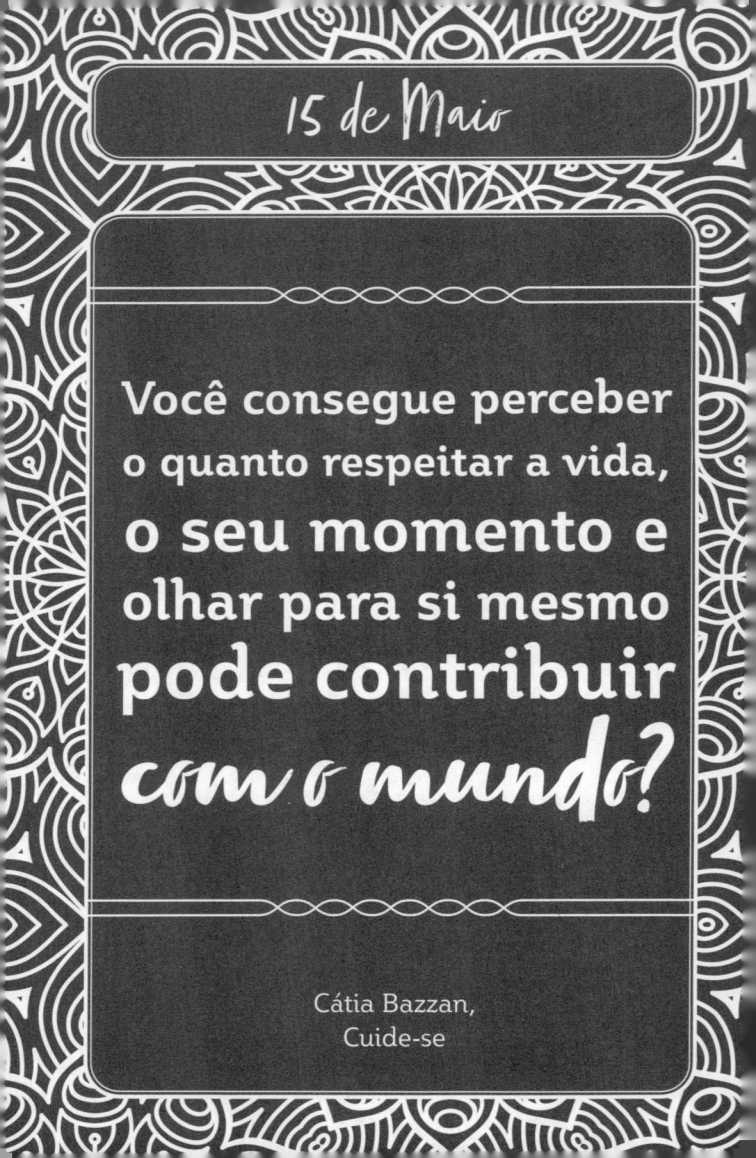

Você consegue perceber o quanto respeitar a vida, **o seu momento e** olhar para si mesmo **pode contribuir** *com o mundo?*

Cátia Bazzan,
Cuide-se

16 de Maio

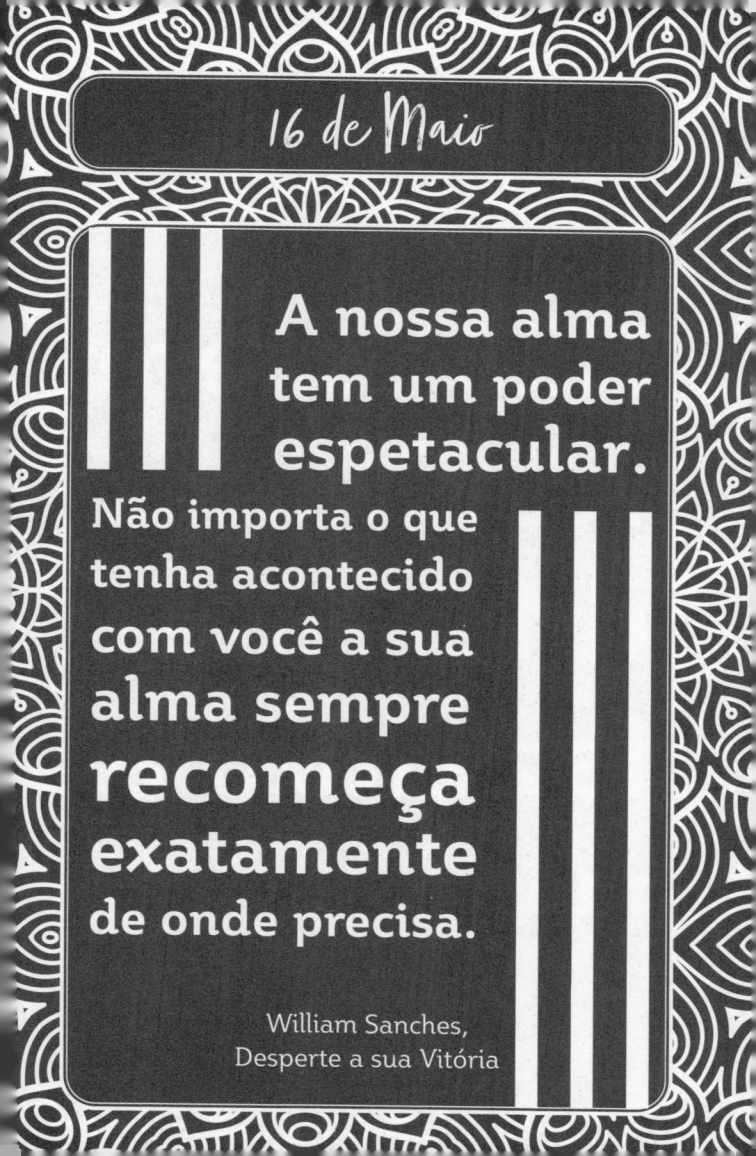

A nossa alma tem um poder espetacular. Não importa o que tenha acontecido com você a sua alma sempre **recomeça** exatamente de onde precisa.

William Sanches,
Desperte a sua Vitória

17 de Maio

Não espere resultados diferentes fazendo a mesma coisa.

Tiago Fonseca,
Cresça, Apareça e Enriqueça / Selo MAP

18 de Maio

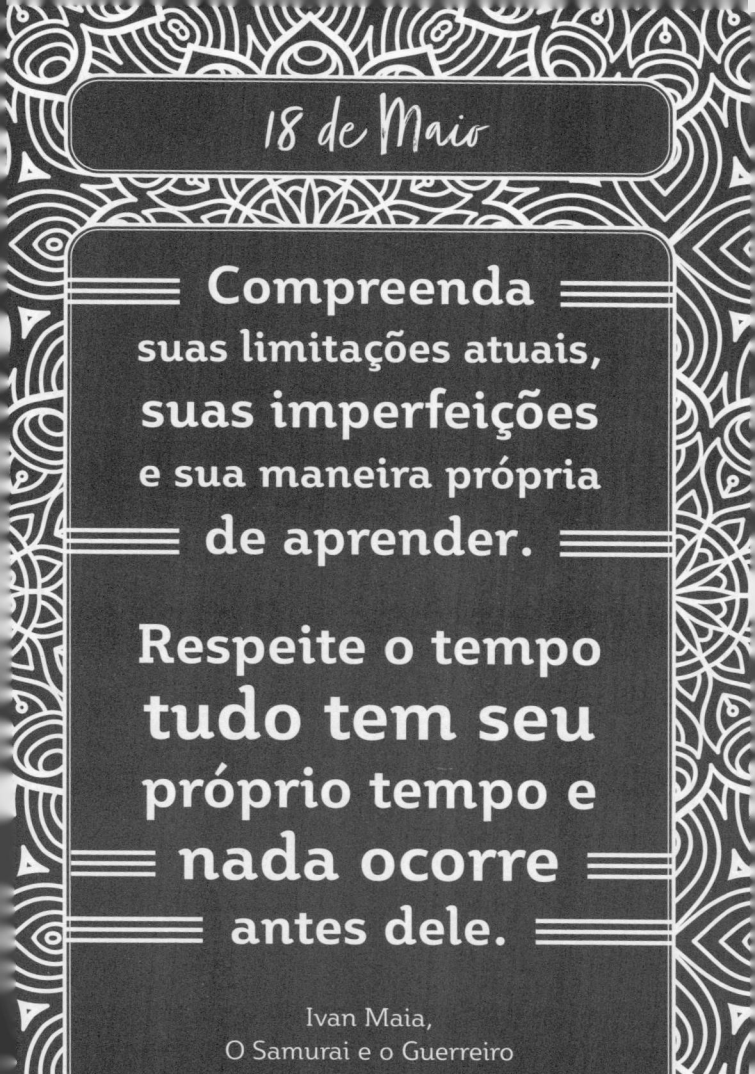

Compreenda suas limitações atuais, **suas imperfeições** e sua maneira própria **de aprender.**

Respeito o tempo tudo tem seu próprio tempo e nada ocorre antes dele.

Ivan Maia,
O Samurai e o Guerreiro

19 de Maio

Prosperidade é a união da abundância material e financeira com paz de espírito e plenitude.

Bruno Gimenes e Patrícia Cândido,
Conexão com a Prosperidade

20 de Maio

Embora abandonemos nosso corpo físico no final de cada vida, ele deve ser honrado, cuidado e preservado, para que os corpos sutis estejam sempre saudáveis e para que a força da energia cósmica consiga fluir livremente pelos chacras com equilíbrio e propósito.

Bruno Gimenes e Patrícia Cândido,
Manual de Magia com as Ervas

21 de Maio

A gratidão e a meditação são exercícios diários para manter qualquer pessoa em contato direto com os Planos Superiores e os melhores níveis de vibração. Se você não aprender a ser grato pelo que tem, jamais vai conseguir conquistar sucesso, paz e saúde.

Bruno Gimenes e Patrícia Cândido,
Evolução Espiritual na Prática

22 de Maio

Siga com muito respeito e amorosidade.

Andressa Bortolasso,
Sintonia de Mãe

23 de Maio

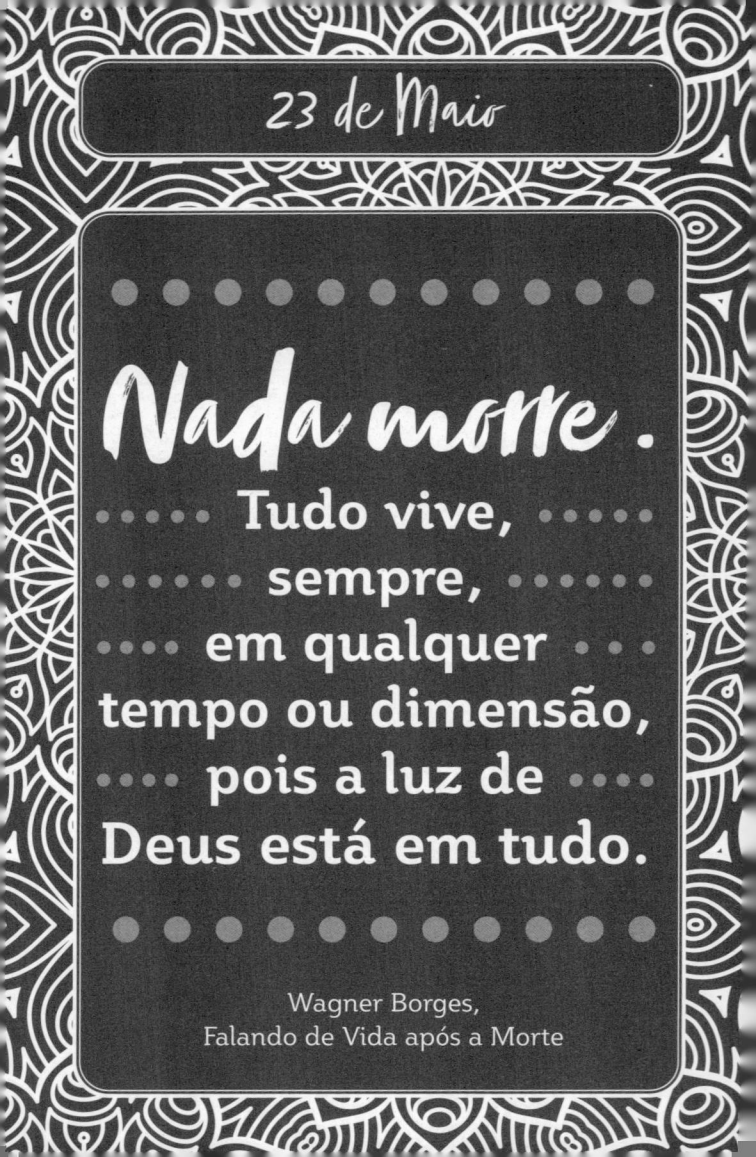

Nada morre.

Tudo vive, sempre, em qualquer tempo ou dimensão, pois a luz de Deus está em tudo.

Wagner Borges,
Falando de Vida após a Morte

24 de Maio

Enquanto ainda não conseguir o trabalho que faça seu coração *vibrar,* concentre-se em desenvolver gratidão pela ocupação atual.

Bruno Gimenes,
Como Ser um Ímã para o Dinheiro

25 de Maio

O objetivo é ter equilíbrio: amar ao próximo como nos amamos, como nos doamos.

Patrícia Cândido,
Manifesto da Autoestima

26 de Maio

A correnteza natural do ser humano flui na direção do amor, alegria, fluidez, felicidade, prosperidade, harmonia, prazer, criatividade: *esse é o nosso caminho.*

Patrícia Cândido,
Cajados

27 de Maio

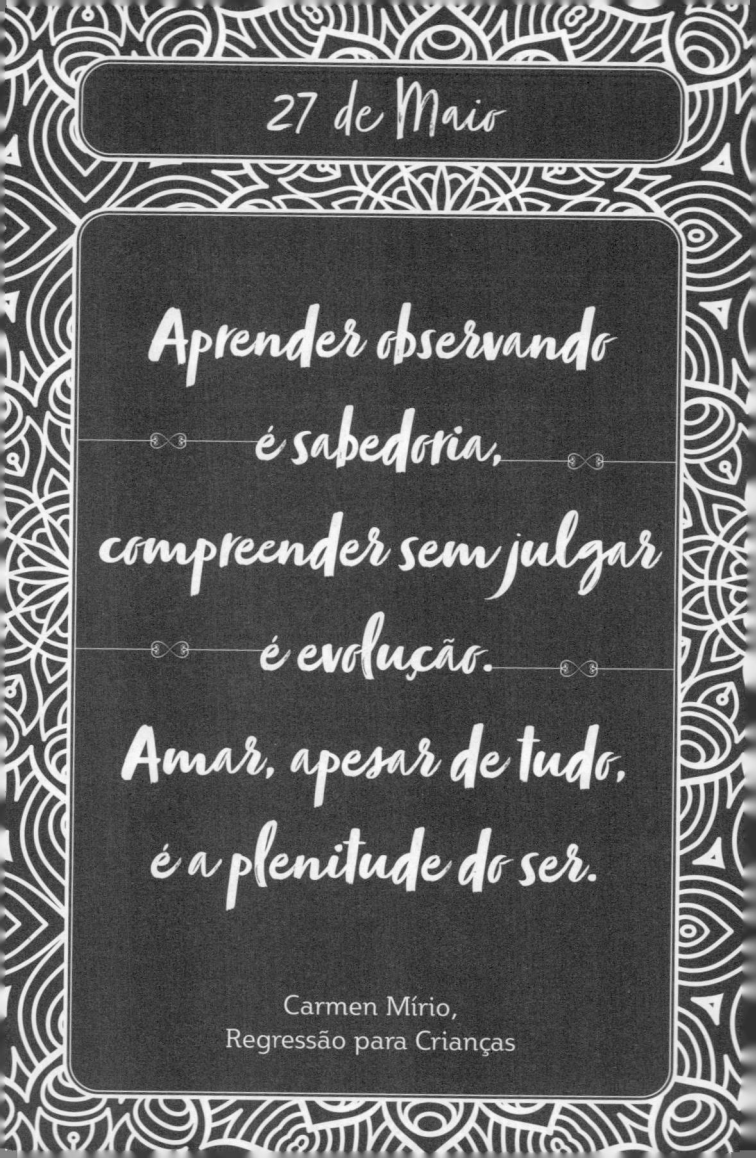

Aprender observando é sabedoria, compreender sem julgar é evolução. Amar, apesar de tudo, é a plenitude do ser.

Carmen Mírio,
Regressão para Crianças

28 de Maio

Para conquistar o que você deseja, você precisa ter constância de propósito.
Você precisa agir sempre de forma condizente às suas metas e, acima de tudo, precisa ter clareza e foco para seguir buscando o que sonha!

Bruno Gimenes e Patrícia Cândido,
Conexão com a Prosperidade

29 de Maio

Aprenda a decidir *por você mesmo*, a encontrar respostas no seu coração ou no seu Eu Superior.

Bruno Gimenes e Patrícia Cândido,
Evolução Espiritual na Prática

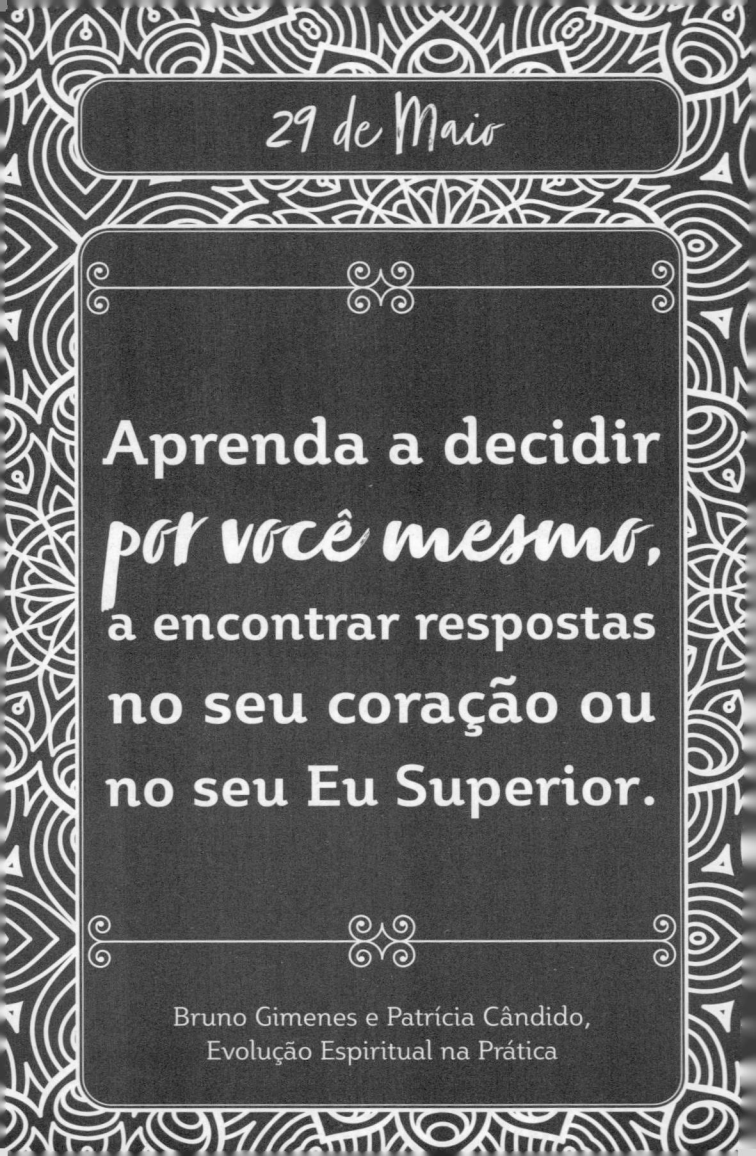

30 de Maio

Preste muita atenção nas suas atitudes e palavras. Só dessa maneira você poderá continuar o seu caminho para a tão sonhada evolução!

Bruno Gimenes,
Mistérios da Alma

31 de Maio

Acho que nunca verei
Um poema tão lindo como uma árvore
Cuja boca faminta pressiona
O seio doce e suave da terra;
Que olha para Deus o dia inteiro
E eleva seus braços a rezar;
Que pode usar no verão
Um ninho de tordo nos cabelos;
Sobre quem a neve cai;
E que é íntima da chuva.
Poemas são feitos por tolos como eu,
Mas só Deus pode fazer uma árvore.

Patrícia Cândido,
O Caminho do Buscador

Junho

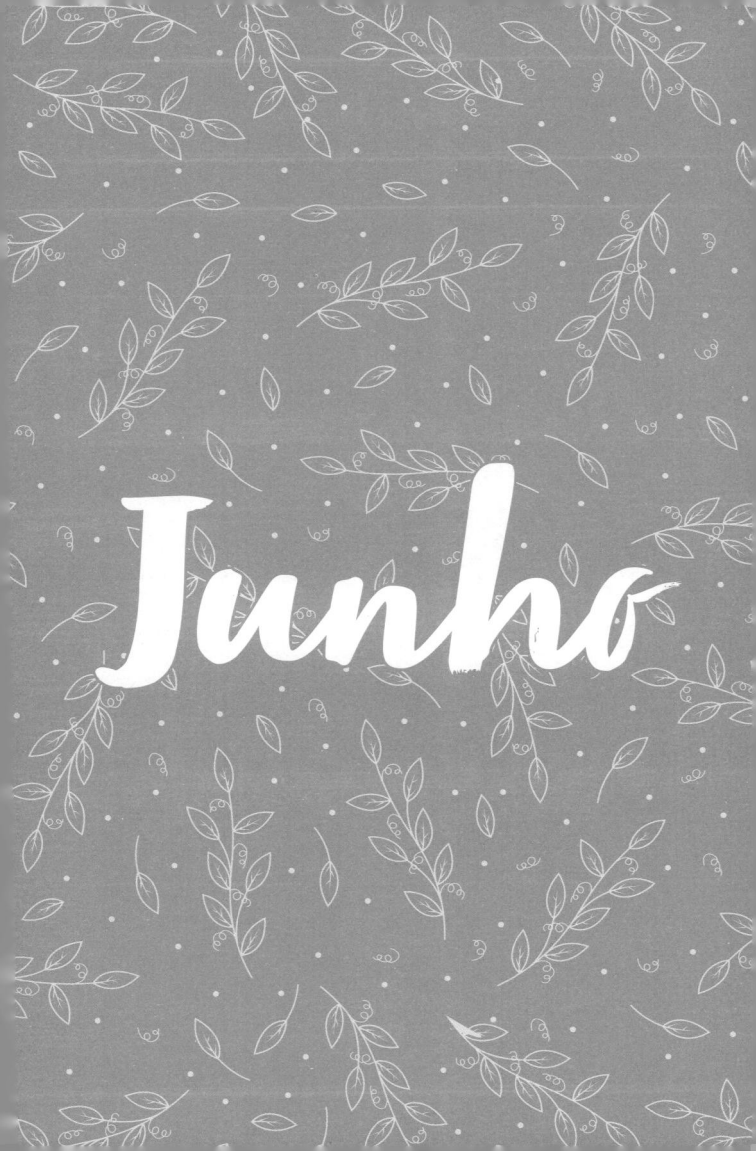

1º de Junho

Quando você se compromete, você conquista!

Bruno Gimenes e Patrícia Cândido,
Conexão com a Prosperidade

2 de Junho

Faça logo o que tem que ser feito, **erre, aprenda, aperfeiçoe.**

Bruno Gimenes,
Seja Rico / Selo MAP

3 de Junho

Ninguém existe para agradar aos outros. Você existe para agradar a si mesmo. Isso se chama *integridade*.

Patrícia Cândido,
Manifesto da Autoestima

4 de Junho

Pratique a gratidão pelo seu passado, pela sua caminhada, pelas pessoas que cruzaram seu caminho, sem elas você não estaria onde está.

Agradeça e siga em frente.

Aline Schulz,
Oráculo Terapêutico dos Acordos Espirituais

5 de Junho

Sem desafios, a vida não teria muito sentido. ••Afinal de contas,•• **todos nós estamos em processo de evolução,** e é através das dificuldades **que crescemos e** nos tornamos mais fortes, resilientes e experientes.

Patrícia Cândido,
Cajados

6 de Junho

O que você foi em suas vidas passadas não é o que mais importa. O que importa é sua *evolução constante*.

Bruno Gimenes e Patrícia Cândido,
Evolução Espiritual na Prática

7 de Junho

Por falta de amor, a Humanidade chegou à ignorância. Somente com muito amor a Humanidade sairá da ignorância e chegará à sabedoria.

Patrícia Cândido,
Grandes Mestres da Humanidade

8 de Junho

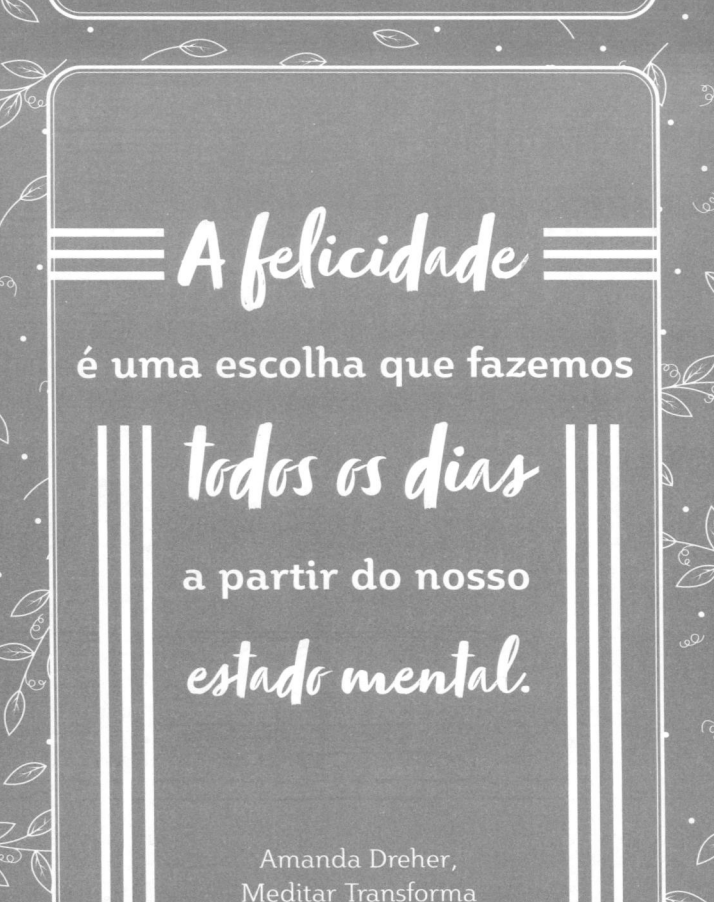

A felicidade é uma escolha que fazemos *todos os dias* a partir do nosso *estado mental.*

Amanda Dreher,
Meditar Transforma

9 de Junho

A conquista de um grande objetivo é formada pela combinação de pequenas ações.

Marcos Trombetta,
Eneamind / Selo MAP

10 de Junho

Tome as rédeas de sua vida em suas mãos.

Vença a timidez, o medo e o excesso de ego.

Flua para uma nova realidade.

Bruno Gimenes, Patrícia Cândido, Denise Carillo, Tarô da Fitoenergética / Ginseng

11 de Junho

Plena: é assim que me sinto neste momento da vida.

Patrícia Cândido,
Manifesto da Autoestima

12 de Junho

Propor-se a amar, a arriscar, a se expor, a se revelar é estar vivo, **aberto a viver!**

Aline Schulz,
O Tratado do Amor

13 de Junho

Você mesmo pode criar condições de conquistar a prosperidade, não importa a sua condição atual de vida. Você está neste mundo para ter prosperidade, abundância e para fazer **a diferença!**

Bruno Gimenes e Patrícia Cândido, Conexão com a Prosperidade

14 de Junho

O sucesso é medido em ser o que você ***quer ser,*** e não o que deu para ser.

Bruno Gimenes,
Propósito Inabalável

15 de Junho

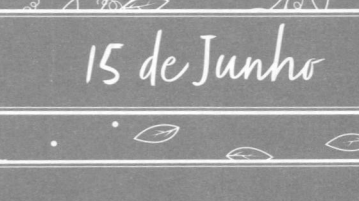

Ninguém dá o que não tem.
Se você quer entregar **amor de qualidade** para as pessoas que são importantes em sua vida, comece amando a si mesmo.

Marcia Luz,
Minuto da Gratidão

16 de Junho

As limitações da vida terrena podem ser vencidas com inteligência, bom humor e pensamentos positivos.

Patrícia Cândido,
Tarot Grandes Mestres da Humanidade / Mestre Saint Germain

17 de Junho

Quando aprendermos a reconhecer quais pensamentos e emoções estão em desequilíbrio, conseguiremos harmonizá-los, conquistando a saúde em todos os níveis.

Bruno Gimenes,
Fitoenergética

18 de Junho

No momento em que vamos nos despindo dos antigos hábitos e crenças, despertamos para novos níveis de consciência, que por consequência nos alavancam para um estado de espírito mais vibrante, capaz de transformar nossas vidas em histórias de sucesso.

Bruno Gimenes e Patrícia Cândido,
O Criador da Realidade

19 de Junho

Se você tem autoamor, amor pelo seu fígado, pelos seus órgãos e pelo seu corpo, que é um Templo Sagrado, você começa a se *cuidar melhor*.

Patrícia Cândido,
Código da Alma

20 de Junho

Na família onde nascemos, na escola onde estudamos, na cidade em que moramos se descortina o cenário ideal para nossa evolução. Tudo reúne as perfeitas condições para que nossa alma possa evoluir.

Bruno Gimenes e Patrícia Cândido,
Evolução Espiritual na Prática

21 de Junho

Proteja-se e acesse a sua força maior, a sua energia *essencial*.

Bruno Gimenes,
Mistérios da Alma

22 de Junho

Olhe para as suas bênçãos, e verá mais coisas boas acontecendo; olhe para os seus problemas, e eles só irão aumentar.

Marcia Luz,
Minuto da Gratidão

23 de Junho

Você tem todo o direito de escolher o que quer para si e de ser quem realmente é: *a luz divina em ação.*

Bruno Gimenes,
Sintonia de Luz

24 de Junho

Você nunca estará ocupado demais para fazer algo em prol da sua prosperidade.

Bruno Gimenes,
O Tratado da Prosperidade

25 de Junho

Admire o sucesso das outras pessoas!

Bruno Gimenes e Patrícia Cândido,
O Criador da Realidade

26 de Junho

Quando você compete com os outros, muitas vezes pode perder, trazendo tristeza e fracasso para sua vida; mas quando você compete consigo mesmo, pode vencer sempre, trazendo alegria e sentimentos de vitória para sua existência.

Ivan Maia,
O Samurai e o Guerreiro Interior

27 de Junho

Você precisa começar a se cercar de coisas boas. Porque aí você vai ver coisas boas, acreditar em coisas boas, replicar coisas boas.

Bruno Gimenes,
Como Ser um Ímã para o Dinheiro

28 de Junho

Você não nasceu para ser pomba. Você nasceu para ser águia e voar alto!

William Sanches,
Desperte a sua Vitória

29 de Junho

O coração é sábio, amoroso, expansivo, intuitivo, conectado com a Fonte Divina e é o nosso elo de ligação com a energia criadora do universo: o amor.

Patrícia Cândido,
Grandes Mestres da Humanidade

30 de Junho

Você não é responsável pela felicidade de ninguém e ninguém é responsável pela sua felicidade também.

Bruno Gimenes e Patrícia Cândido,
Evolução Espiritual na Prática

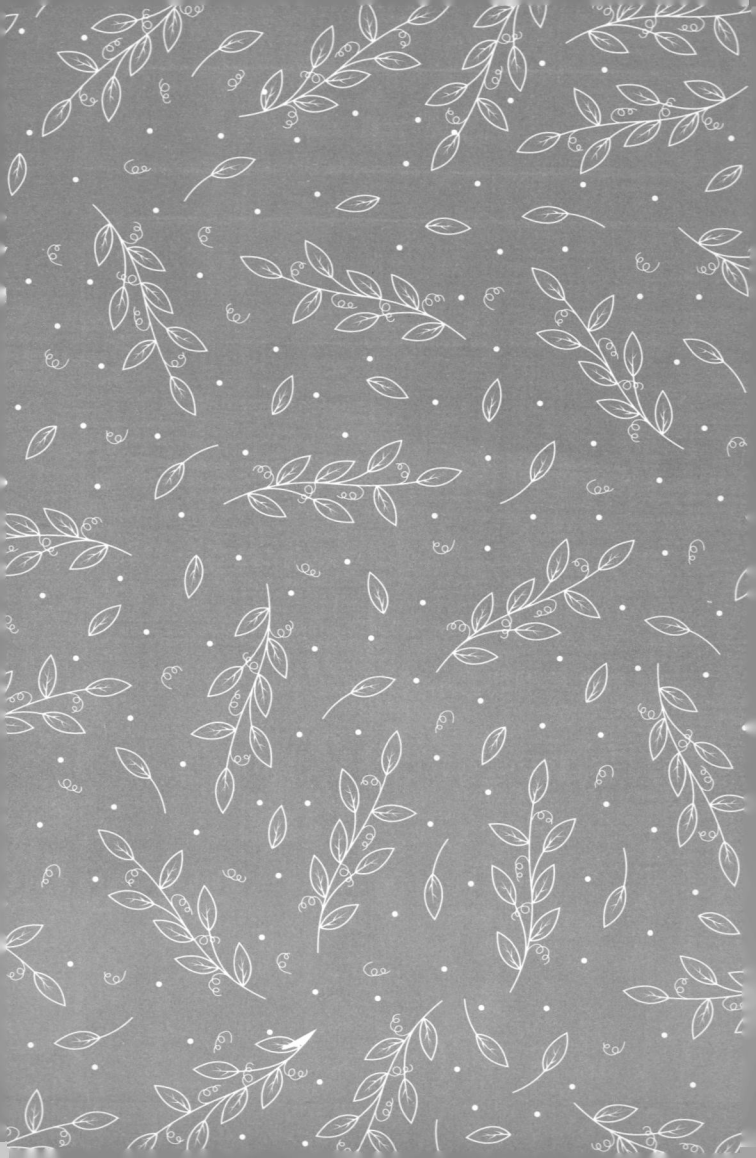

Julho

1º de Julho

Conscientize-se definitivamente de que você quer a prosperidade e que fará todo o esforço possível para alcançá-la, **e assim será feito.**

Bruno Gimenes e Patrícia Cândido,
Conexão com a Prosperidade

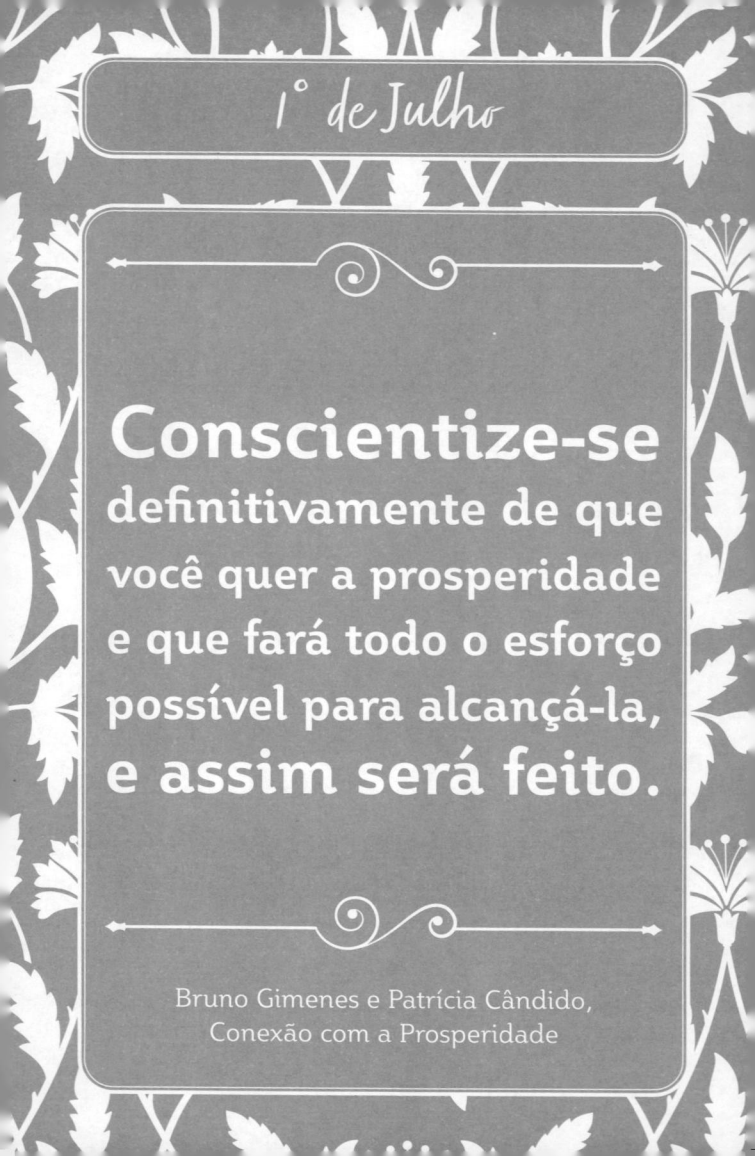

2 de Julho

O que realmente importa é a nossa evolução espiritual: a cura das emoções negativas, a harmonização de conflitos com terceiros e a criação de bons exemplos para a Humanidade.

Bruno Gimenes e Patrícia Cândido,
Evolução Espiritual na Prática

3 de Julho

Amar requer uma enorme coragem – a coragem de ser humilde.

Aline Schulz,
O Tratado do Amor

4 de Julho

Eu vivo
em perfeito alinhamento com a minha **maior** verdade.

Hávini Sá,
O Poder dos Mantras

5 de Julho

A decisão é sempre sua.

Com quem você vai se conectar hoje: com o Ministério da Luz ou com o Ministério da Minhoca? Onde seus pensamentos vão residir, no amor ou na guerra? Onde você vai se centrar? O que que você vai buscar todos os dias quando acorda? Você já acorda contrariado ou mal-humorado? Ou você acorda feliz e agradecido?

A escolha é sempre sua.

Patrícia Cândido,
Código da Alma

6 de Julho

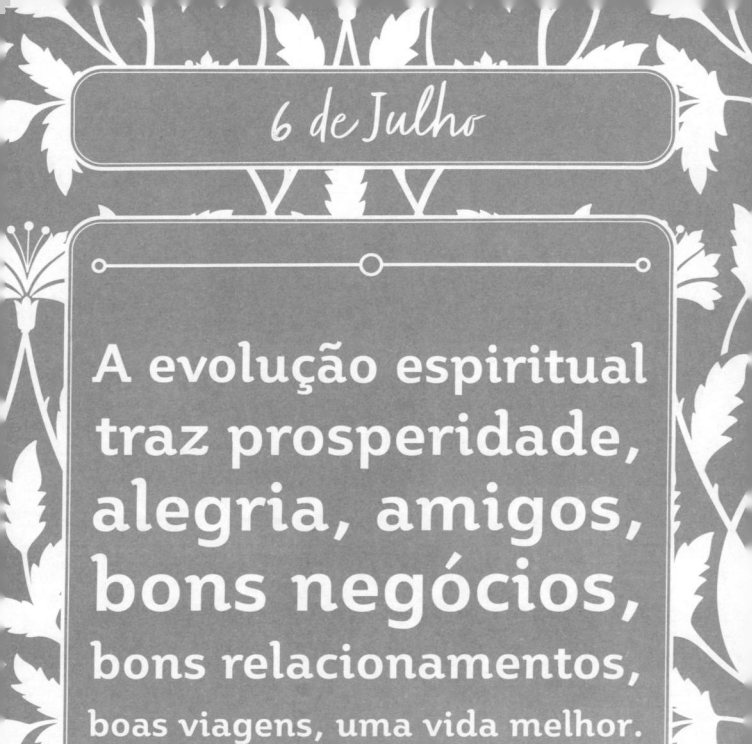

A evolução espiritual traz prosperidade, alegria, amigos, bons negócios, bons relacionamentos, boas viagens, uma vida melhor. Porque é a sintonia com a sua verdade.

Bruno Gimenes,
Viva a sua Missão

7 de Julho

É necessário religar a nossa fonte interior, ou continuaremos acreditando na escassez e nos impedindo de nos conectarmos com a abundância do Universo.

Marcia Luz,
Ho'oponopono da Riqueza

8 de Julho

Escolho ser gentil e amável, comigo mesmo e com os outros; escolho sempre dizer a verdade, com respeito e delicadeza.

Amanda Dreher,
As Meditações Mais Poderosas de Todos os Tempos

9 de Julho

Eu evoluo sempre que me torno claramente consciente das minhas emoções, pensamentos e sentimentos.

Bruno Gimenes,
Viva a sua Missão

10 de Julho

Todos sentem, porém poucos se dão conta de algumas coisas básicas, como, por exemplo, **a verdade absoluta** de que a nossa intuição *jamais nos engana.*

Patrícia Cândido,
Grandes Mestres da Humanidade

11 de Julho

Você pode tudo! Você pode mais! Você pode ser tudo o que quiser ser!

Bruno Gimenes,
O Tratado da Prosperidade

12 de Julho

Merecemos ter plenitude, abundância, prosperidade.

Merecemos nos dar o devido valor.

Você vale muito, é um herdeiro divino!

Patrícia Cândido,
Manifesto da Autoestima

13 de Julho

Venha celebrar a vida e agradecer o dom da inspiração.

Wagner Borges,
Falando de Vida após a Morte

14 de Julho

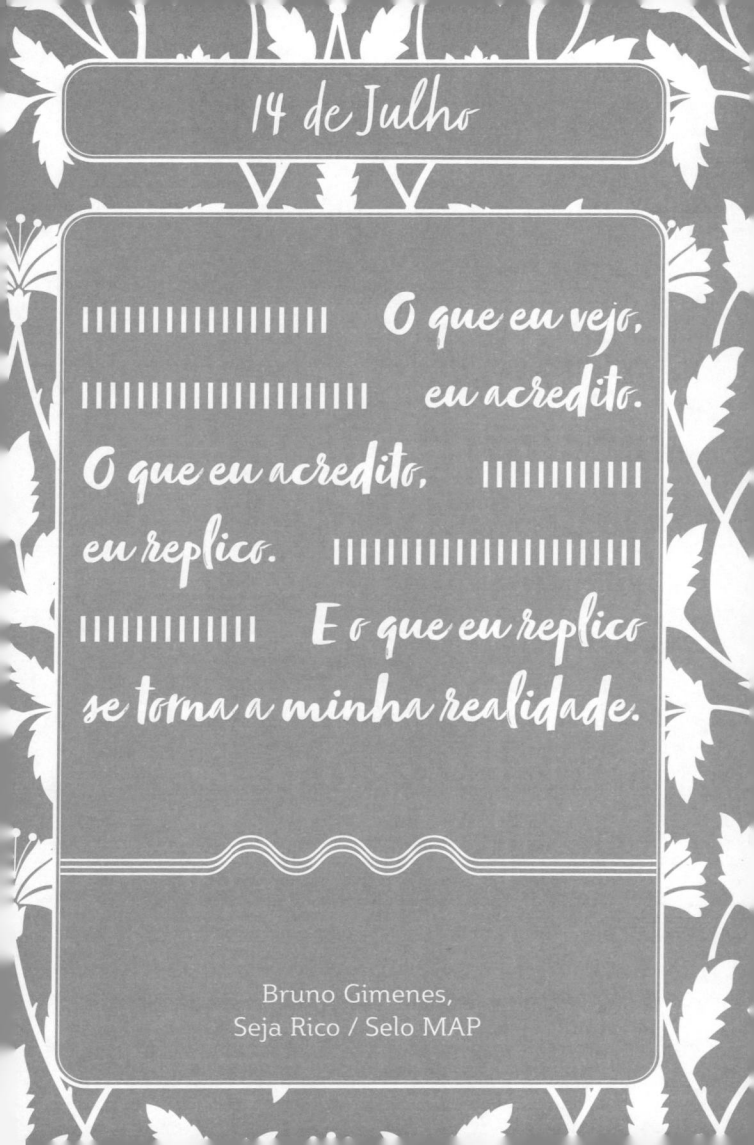

O que eu vejo, eu acredito. O que eu acredito, eu replico. E o que eu replico se torna a minha realidade.

Bruno Gimenes,
Seja Rico / Selo MAP

15 de Julho

Eu quero que a força de gratidão que estou sentindo agora se conecte com todo mundo que está vibrando em gratidão no planeta.

Bruno Gimenes,
A Oração mais Poderosa de todos os Tempos

16 de Julho

Preencha o dia com amor.
Termine o dia com amor.

~~~ ⌒⌒ ~~~

Esse é o caminho mais rápido e direto para Deus.

Patrícia Cândido,
Tarot Grandes Mestres da Humanidade / Sathya Sai Baba

17 de Julho

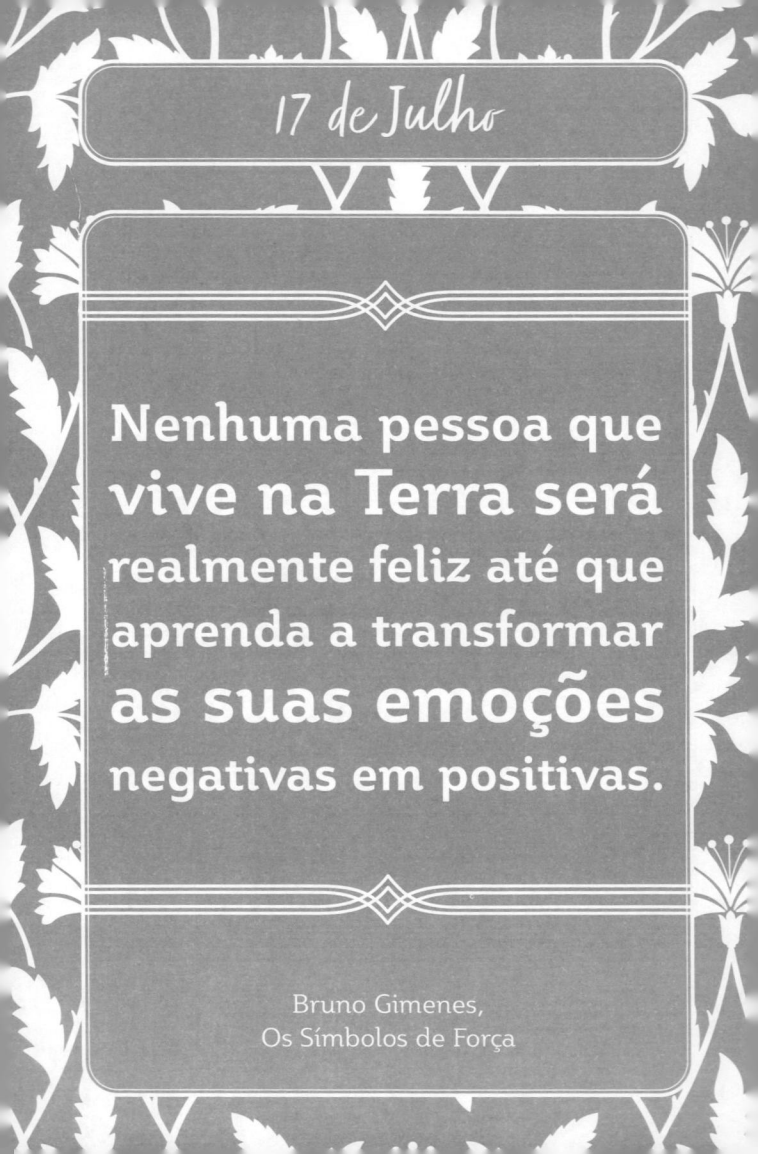

Nenhuma pessoa que vive na Terra será realmente feliz até que aprenda a transformar as suas emoções negativas em positivas.

Bruno Gimenes,
Os Símbolos de Força

18 de Julho

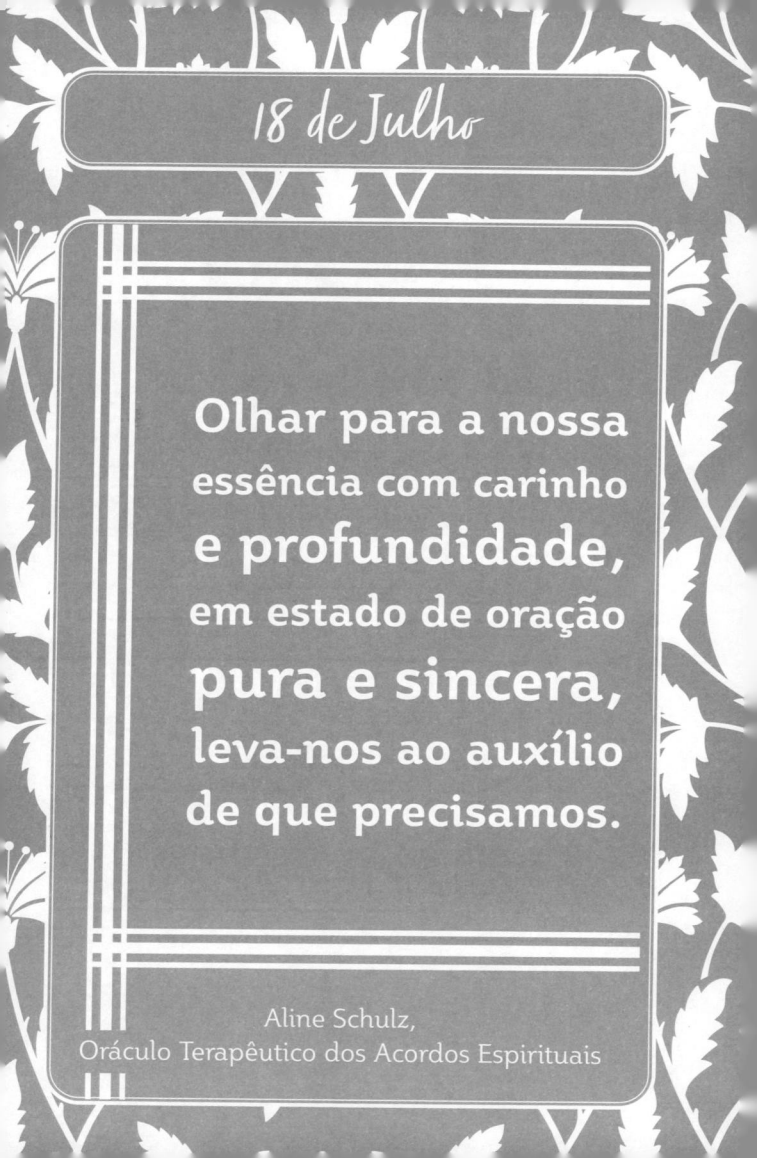

Olhar para a nossa essência com carinho **e profundidade**, em estado de oração **pura e sincera**, leva-nos ao auxílio de que precisamos.

Aline Schulz,
Oráculo Terapêutico dos Acordos Espirituais

19 de Julho

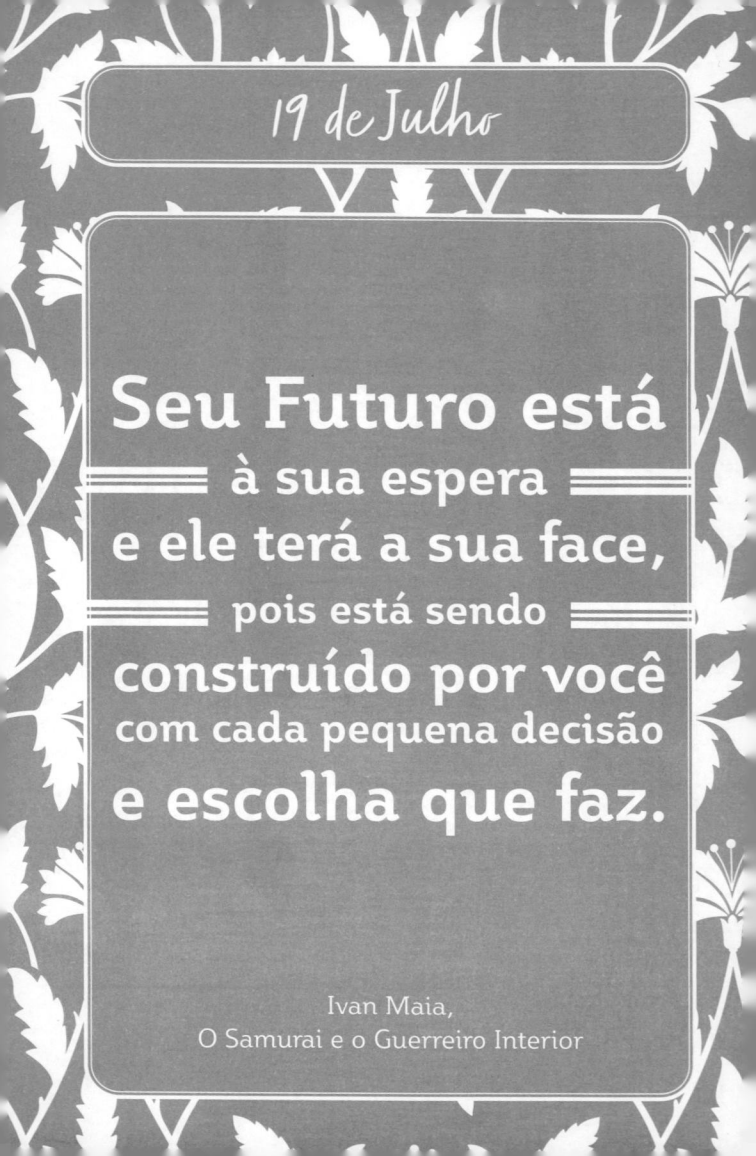

Seu Futuro está à sua espera e ele terá a sua face, pois está sendo construído por você com cada pequena decisão e escolha que faz.

Ivan Maia,
O Samurai e o Guerreiro Interior

20 de Julho

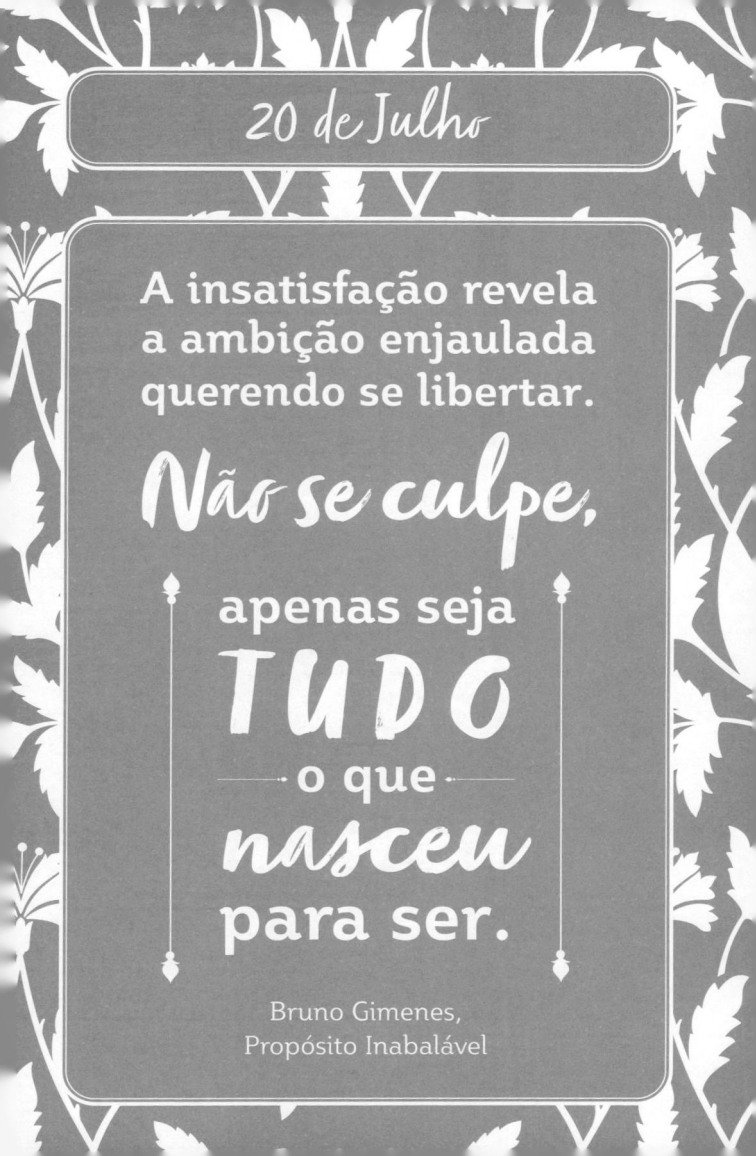

A insatisfação revela a ambição enjaulada querendo se libertar. **Não se culpe,** apenas seja **TUDO** o que *nasceu* para ser.

Bruno Gimenes,
Propósito Inabalável

21 de Julho

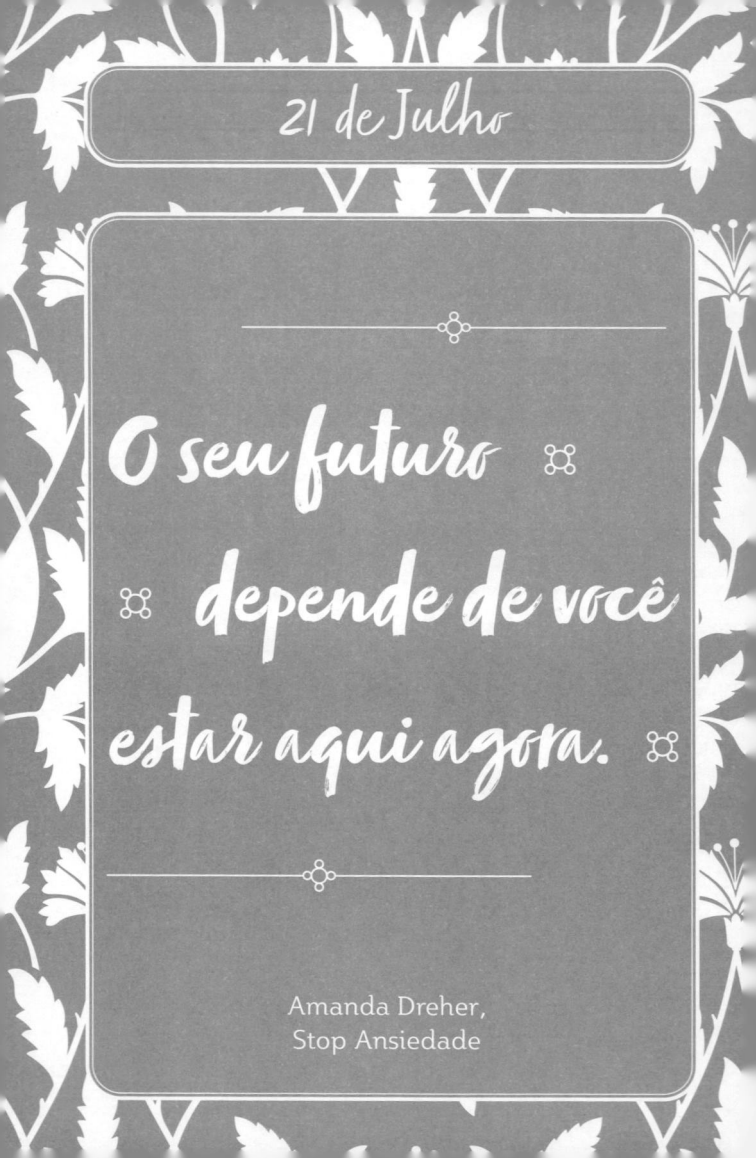

O seu futuro depende de você estar aqui agora.

Amanda Dreher,
Stop Ansiedade

22 de Julho

Ser criador da sua realidade é pensar e sentir. E se você pode pensar e sentir, logo poderá ser responsável pela sua vida e seus rumos. Os sentimentos são o leme, o pensamento é o motor!

Bruno Gimenes e Patrícia Cândido,
O Criador da Realidade

23 de Julho

A sabedoria vem do espírito e da profundidade. Temas profundos não cabem em **mentes bloqueadas!**

Bruno Gimenes e Patrícia Cândido,
Evolução Espiritual na Prática

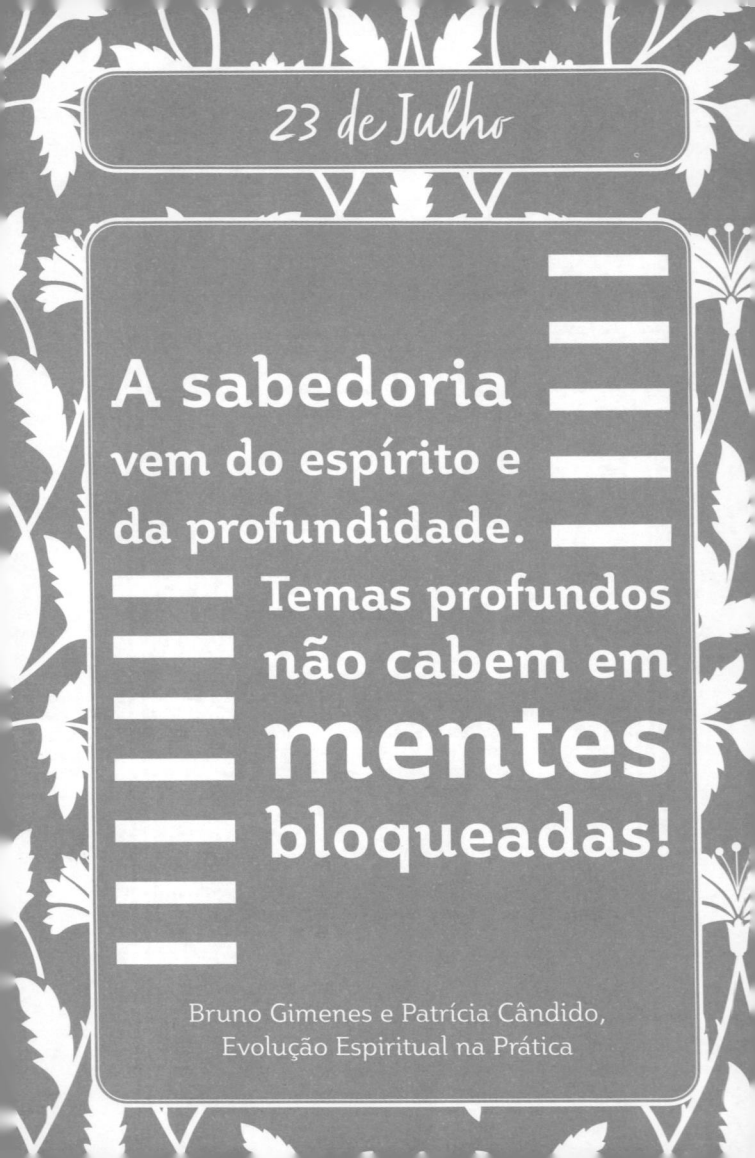

24 de Julho

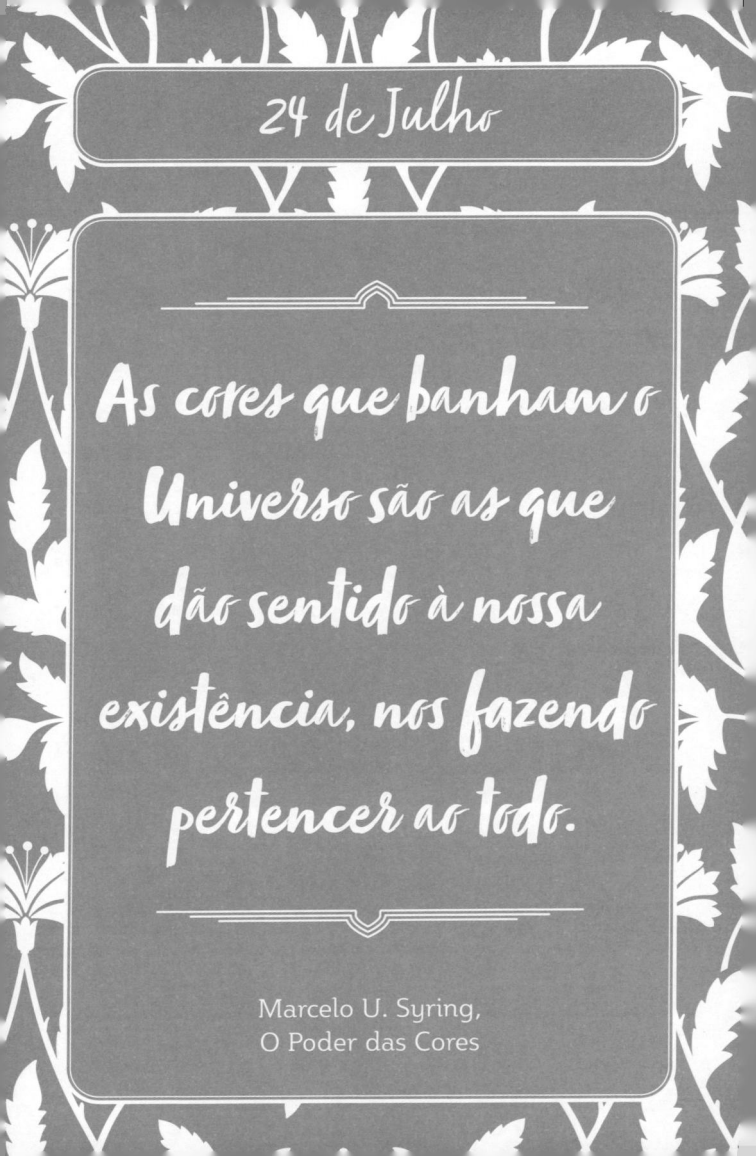

As cores que banham o Universo são as que dão sentido à nossa existência, nos fazendo pertencer ao todo.

Marcelo U. Syring,
O Poder das Cores

25 de Julho

O mundo **JAMAIS** vai te conhecer se nem você mesmo se **CONHECE.**

Tiago Fonseca,
Cresça, Apareça e Enriqueça / Selo MAP

26 de Julho

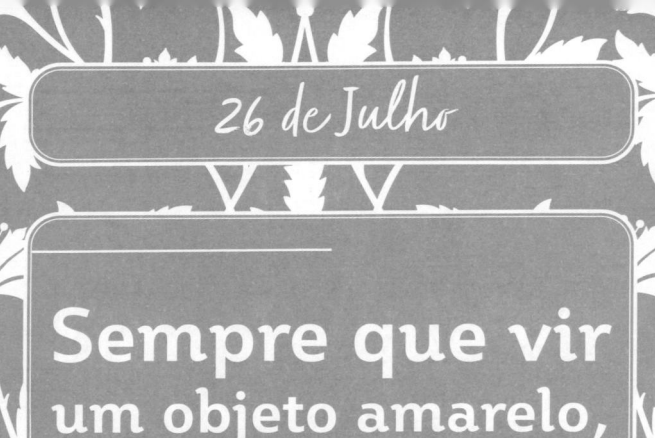

Sempre que vir um objeto amarelo, pense ou até mesmo diga em voz alta:

Eu desperto a minha vitória!

William Sanches,
Desperte a sua Vitória

27 de Julho

Por mais que desejemos a perfeição, em algum momento vamos errar!

Patrícia Cândido, Cajados

28 de Julho

O seu valor é maior do que as adversidades.

Marcia Luz,
Minuto da Gratidão

29 de Julho

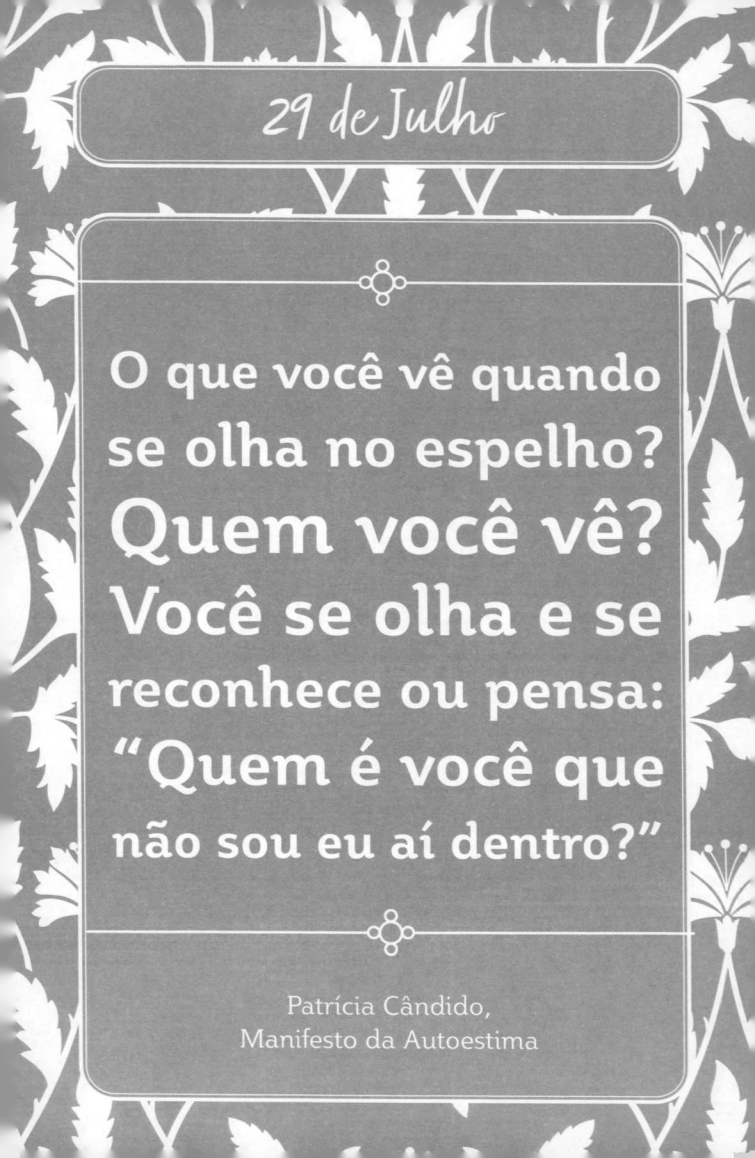

O que você vê quando se olha no espelho? Quem você vê? Você se olha e se reconhece ou pensa: "Quem é você que não sou eu aí dentro?"

Patrícia Cândido,
Manifesto da Autoestima

30 de Julho

Priorize sempre a verdade, a sinceridade, as boas práticas e **os costumes positivos** em sua vida.

Bruno Gimenes, Patrícia Cândido, Denise Carillo,
Tarô da Fitoenergética / Açafrão

31 de Julho

Seja fiel aos seus *propósitos* e compreenda que você não é responsável pela felicidade das pessoas e nem elas são responsáveis pela sua.

Bruno Gimenes e Patrícia Cândido,
O Criador da Realidade

Agosto

1º de Agosto

Não temos como ser felizes, não temos como realizar grandes feitos ou ter criatividade se não estivermos sintonizados com a alegria de fazer as tarefas diárias.

Bruno Gimenes e Patrícia Cândido,
Conexão com a Prosperidade

2 de Agosto

Quando nos conscientizamos do poder criador que temos, passamos a perceber o quanto *somos abundantes e ilimitados.*

Bruno Gimenes e Patrícia Cândido,
O Criador da Realidade

3 de Agosto

Eu sei que por baixo dessa roupa normal que você veste todo dia, há um uniforme de super-herói escondido, e que, com ele, você seria capaz de fazer coisas incríveis. O que está faltando é rasgar essa roupa e mostrar para o mundo quem você é de verdade, o super-herói que mora aí dentro.

Patrícia Cândido,
Manifesto da Autoestima

4 de Agosto

Uma das leis mais fortes da prosperidade é a autorresponsabilidade, que deve ser alimentada e fortalecida todos os dias. Quando você foca a sua atenção em algo que você não pode controlar, você enfraquece seu poder.

Bruno Gimenes,
Como Ser um Ímã para o Dinheiro

5 de Agosto

Existem duas dores na vida, e você vai ter que passar por **uma delas:** a dor da autodisciplina ou a dor do arrependimento.

Marcos Trombetta,
Eneamind / Selo MAP

6 de Agosto

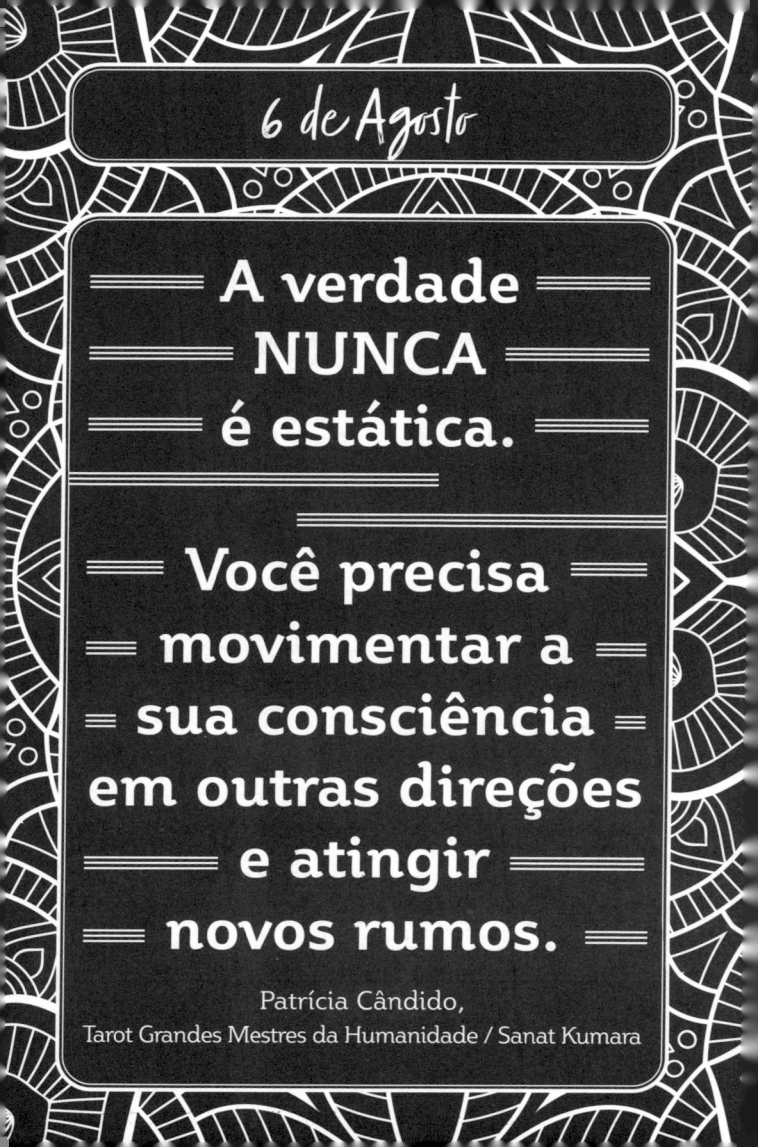

A verdade NUNCA é estática.

Você precisa movimentar a sua consciência em outras direções e atingir novos rumos.

Patrícia Cândido,
Tarot Grandes Mestres da Humanidade / Sanat Kumara

7 de Agosto

Podemos apenas despertar a luz em nós e, uma vez com essa luz acesa, podemos nos tornar velas. A vela, quando encosta em outra, a acende e mesmo assim não se apaga. As duas seguem acesas. Uma vela não perde sua luz ao acender outra.

William Sanches,
Desperte a sua Vitória

8 de Agosto

Não há como se desviar das armadilhas se você não estiver atento a elas.

Aline Schulz,
Oráculo Terapêutico dos Acordos Espirituais

9 de Agosto

Prosperidade é uma decisão, é um tratado que você firma consigo mesmo para prosperar, ou seja, é um acordo, uma convenção.

Bruno Gimenes,
O Tratado da Prosperidade

10 de Agosto

Quando você enxerga as coisas com olhos de amor e aprendizagem, começa a agir de modo diferente, a partir da inspiração divina, ou inspiração do Universo, de maneira mais sábia, mais centrada, na direção certa, com menos esforço, mais riqueza, prosperidade, felicidade e resultados.

Marcia Luz,
Ho'oponopono da Riqueza

11 de Agosto

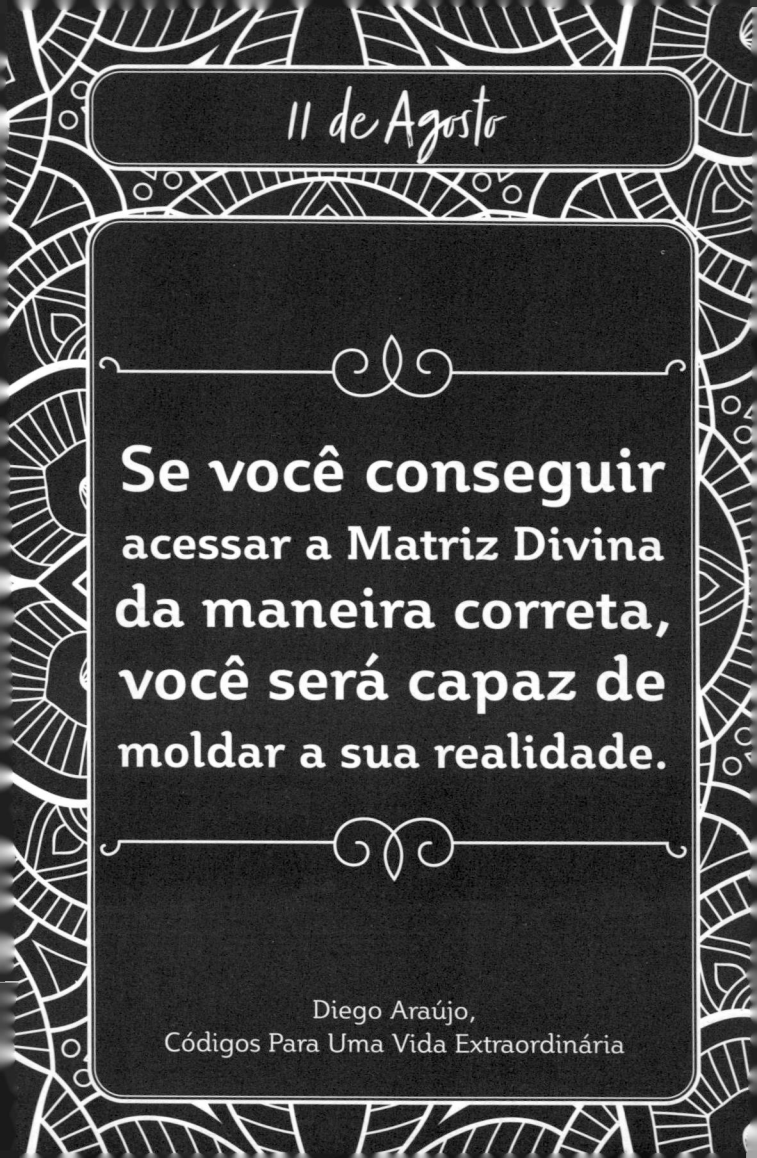

Se você conseguir acessar a Matriz Divina **da maneira correta, você será capaz de** moldar a sua realidade.

Diego Araújo,
Códigos Para Uma Vida Extraordinária

12 de Agosto

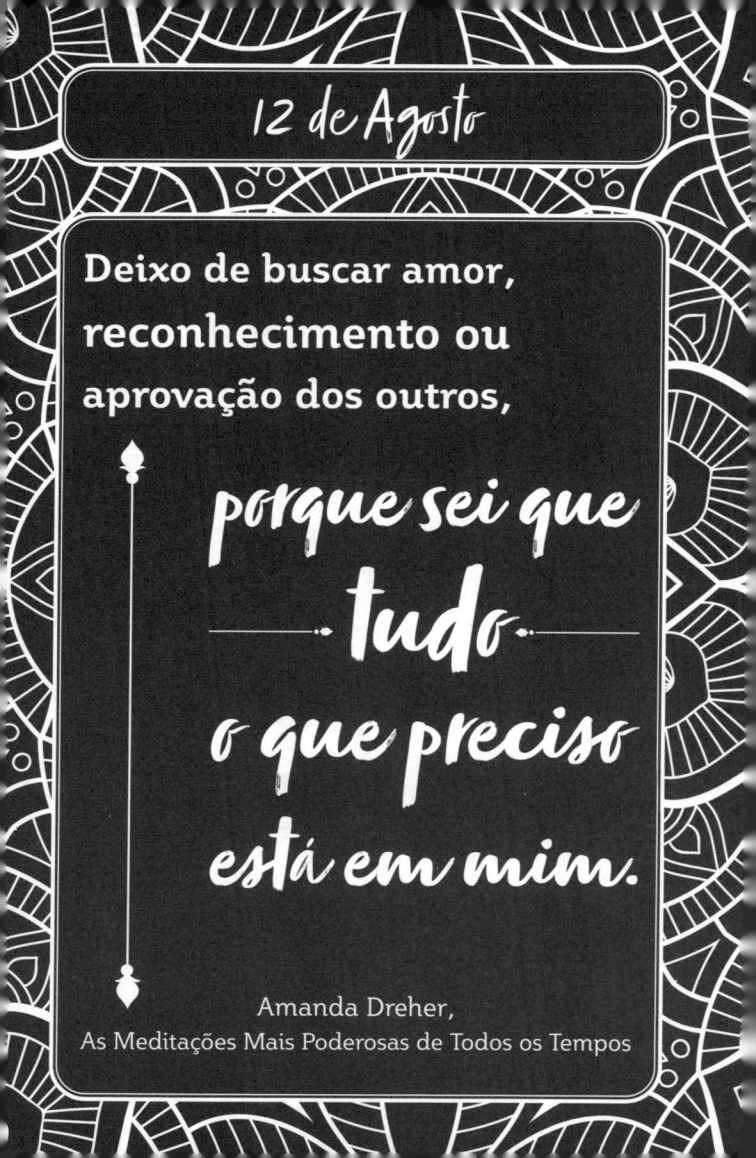

Deixo de buscar amor, reconhecimento ou aprovação dos outros, porque sei que tudo o que preciso está em mim.

Amanda Dreher,
As Meditações Mais Poderosas de Todos os Tempos

13 de Agosto

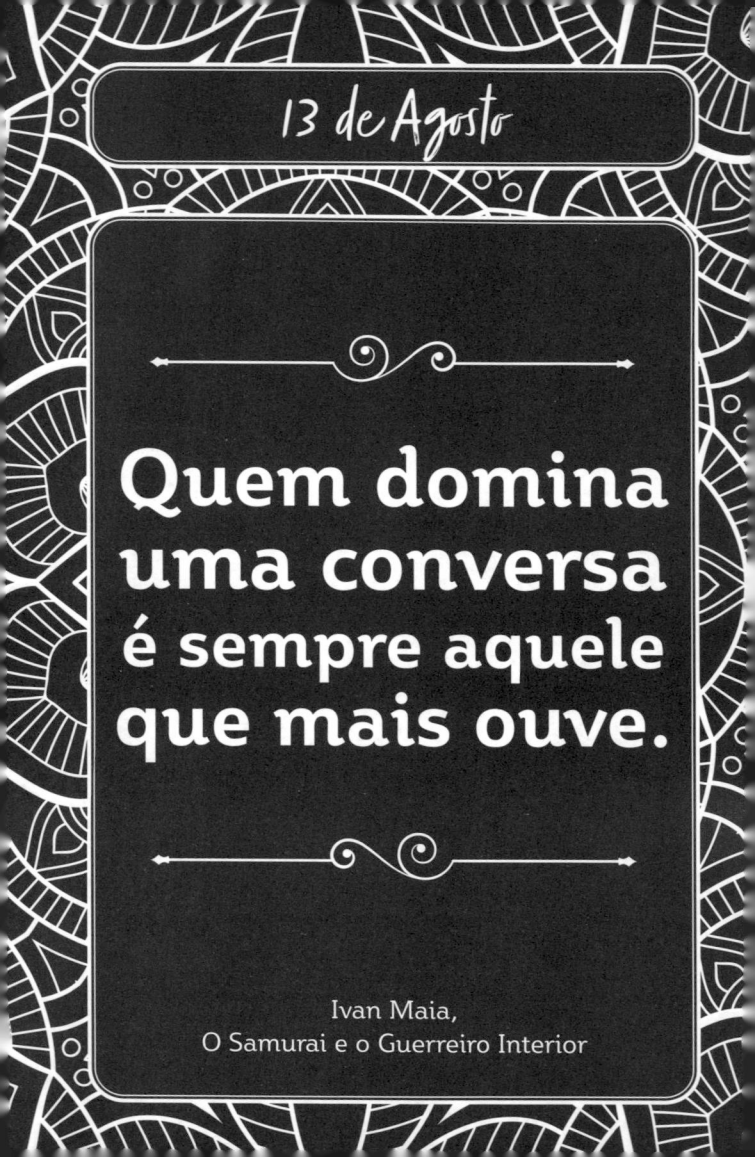

Quem domina uma conversa é sempre aquele que mais ouve.

Ivan Maia,
O Samurai e o Guerreiro Interior

14 de Agosto

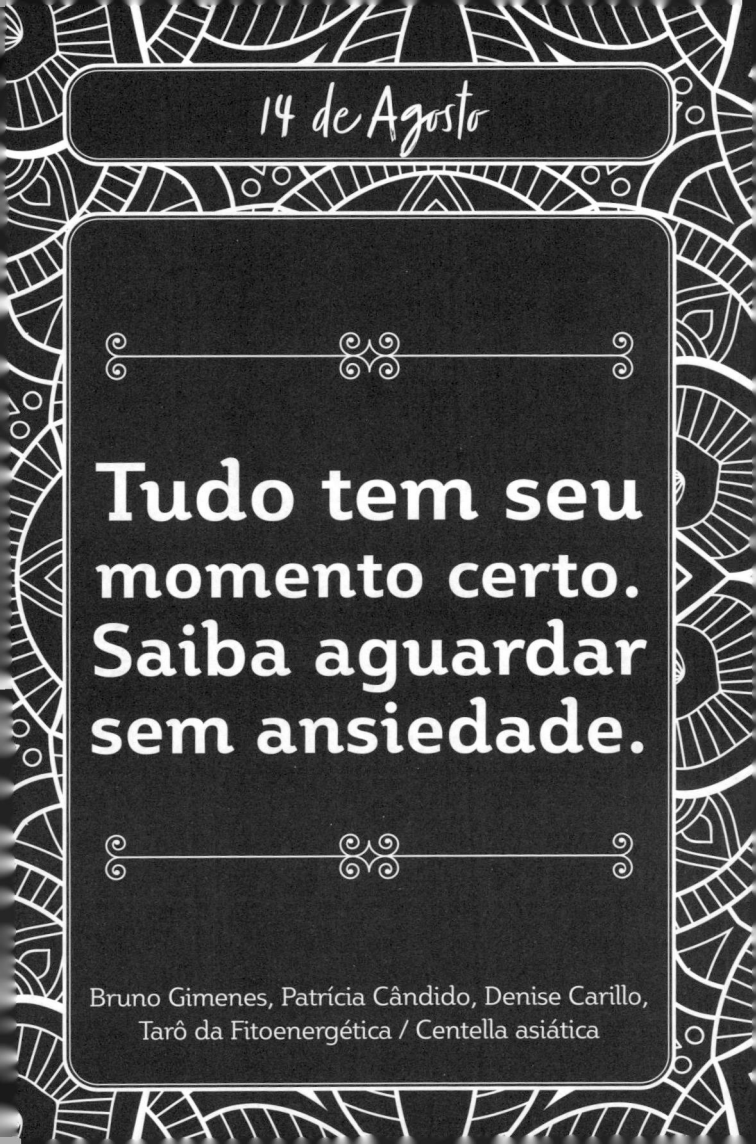

Tudo tem seu momento certo. Saiba aguardar sem ansiedade.

Bruno Gimenes, Patrícia Cândido, Denise Carillo,
Tarô da Fitoenergética / Centella asiática

15 de Agosto

Use e abuse da energia presente nas plantas! Vale a pena, os resultados irão surpreender você, fazendo uma incrível diferença em sua vida.

Bruno Gimenes,
Fitoenergética

16 de Agosto

Sinto-me seguro e satisfeito por poder confiar que o universo sempre me aproxima de tudo o que eu preciso para **evoluir e ser feliz.**

Bruno Gimenes e Patrícia Cândido,
O Criador da Realidade

17 de Agosto

Quanto mais conectados exteriormente, mais ficamos desconectados interiormente. Apenas no momento em que paramos a conversa mental e ficamos presentes poderemos nos conectar com o que somos de verdade e permitir que o sentimento de felicidade brote em nosso coração.

Amanda Dreher,
Meditar Transforma

18 de Agosto

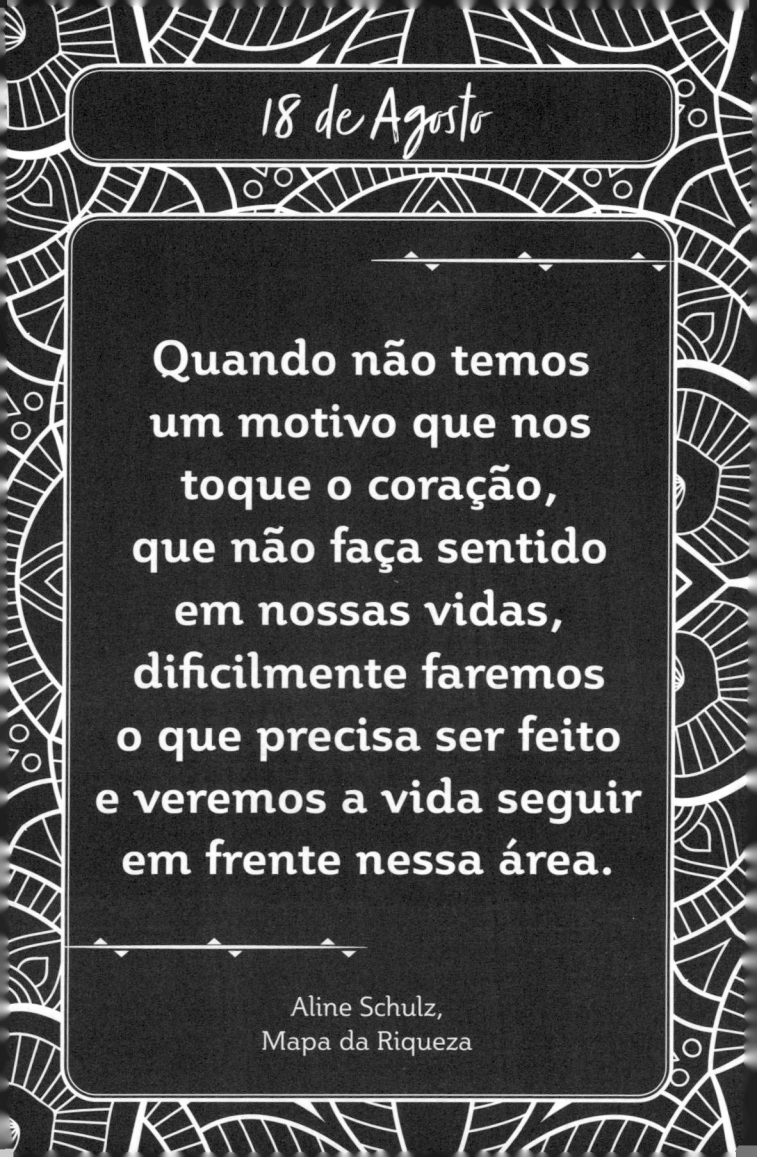

Quando não temos um motivo que nos toque o coração, que não faça sentido em nossas vidas, dificilmente faremos o que precisa ser feito e veremos a vida seguir em frente nessa área.

Aline Schulz,
Mapa da Riqueza

19 de Agosto

Felicidade é como alongamento físico: quando para de *praticar*, você começa a regredir.

Bruno Gimenes,
Propósito Inabalável

20 de Agosto

Tudo o que existe no Universo é bipolar. Portanto, sempre que há a escuridão, existe a certeza de um próximo dia ensolarado, e a esperança de que, muito em breve, todos os seres humanos despertarão para uma vida de colaboração, onde prevalecerão os sorrisos cordiais nas ruas, a educação, o equilíbrio e a gratitude.

Patrícia Cândido,
Grandes Mestres da Humanidade

21 de Agosto

Coloque capricho em tudo o que fizer, dê sempre o seu melhor! Isso é um gatilho que **pode fazer a sua prosperidade explodir.**

Bruno Gimenes,
Seja Rico / Selo MAP

22 de Agosto

Um grande comandante **incentiva, ama e** protege sua equipe. Para que você possa **expressar essas** qualidades no exterior, **é preciso ser um** comandante de si mesmo sem perder o rumo e o foco da sua jornada.

Patrícia Cândido,
Tarot Grandes Mestres da Humanidade / Ashtar Sheran

23 de Agosto

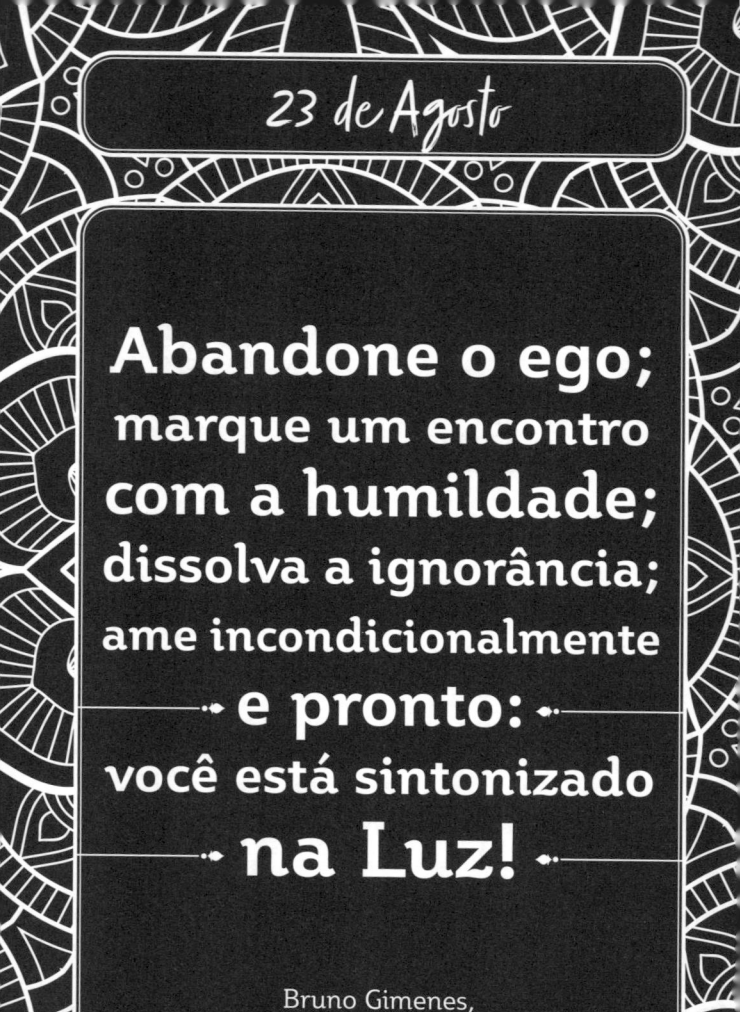

Abandone o ego; marque um encontro com a humildade; dissolva a ignorância; ame incondicionalmente •→ e pronto: ←• você está sintonizado •→ na Luz! ←•

Bruno Gimenes,
Sintonia de Luz

24 de Agosto

Respeite suas palavras como você respeita a maior divindade em quem confia! Sua vida se transformará completamente.

Bruno Gimenes e Patrícia Cândido,
Manual de Magia com as Ervas

25 de Agosto

Se o meu coração sonhar,
eu tenho o dever de realizar;
se o meu coração sonhar,
eu sou capaz de realizar;
se o meu coração sonhar,
eu mereço realizar.

Amanda Dreher,
As Meditações Mais Poderosas de Todos os Tempos

26 de Agosto

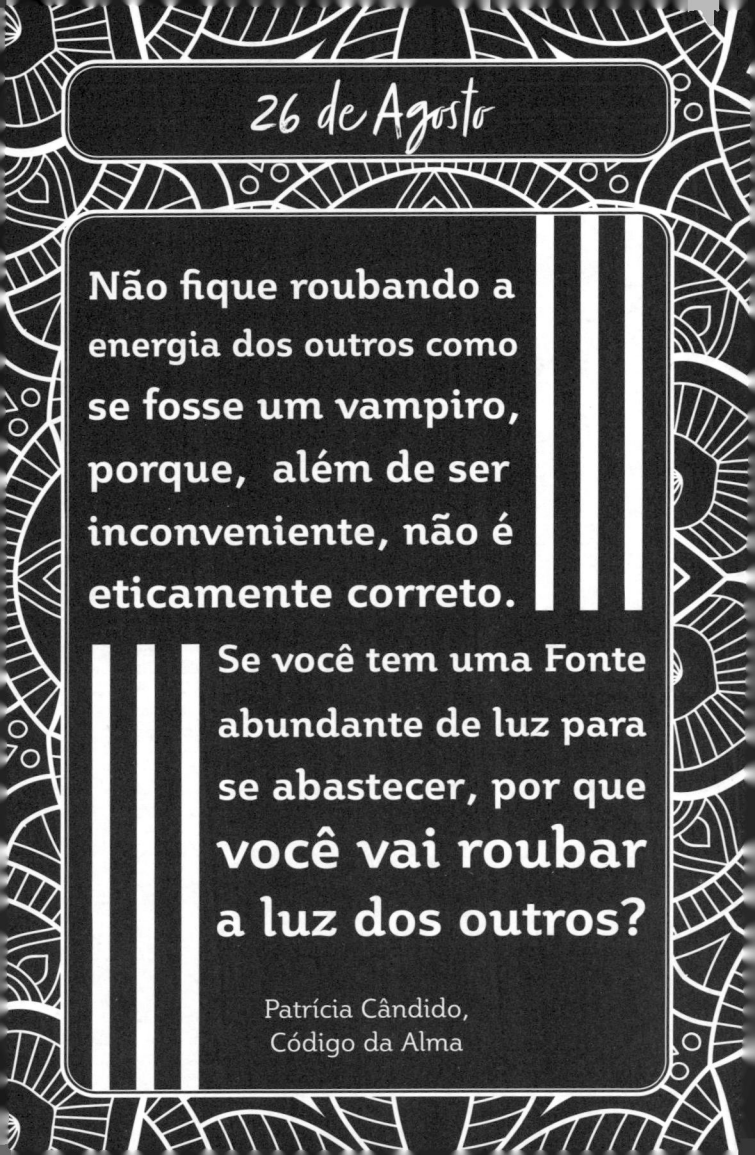

Não fique roubando a energia dos outros como se fosse um vampiro, porque, além de ser inconveniente, não é eticamente correto.

Se você tem uma Fonte abundante de luz para se abastecer, por que **você vai roubar a luz dos outros?**

Patrícia Cândido,
Código da Alma

27 de Agosto

A vida sorri para você.

Aceite e aproveite cada oportunidade de mudança para melhorar como pessoa.

Aline Schulz,
Oráculo Terapêutico dos Acordos Espirituais

28 de Agosto

Para seguir em frente no seu propósito e fazer as mudanças necessárias, **você precisa ficar** disponível para que novas oportunidades surjam **em sua vida.**

Cátia Bazzan,
Cuide-se

29 de Agosto

Eu sou sinceramente **grato**

e isso atrai positividade para a minha **vida.**

Hávini Sá,
O Poder dos Mantras

30 de Agosto

A reencarnação é um fenômeno que não ocorre ao acaso, **ao contrário, é cuidadosamente planejada.**

Carmen Mírio,
Regressão para Crianças

31 de Agosto

Dizer "não" é perfeitamente natural, nos traz alívio e o respeito alheio. E também é uma forma de educar as pessoas, mostrando que você tem autoamor, vontade própria, autorrespeito e que o seu bem-estar prevalece, ou seja, que você não é capacho de ninguém!

Patrícia Cândido,
Cajados

Setembro

1º de Setembro

Perdoar não é esquecer, é reinterpretar!

Patrícia Cândido, Cajados

2 de Setembro

Os relacionamentos podem ser *mais simples*. Aprenda a *filtrar as emoções*.

Bruno Gimenes, Patrícia Cândido, Denise Carillo,
Tarô da Fitoenergética / Quebra-Pedra

3 de Setembro

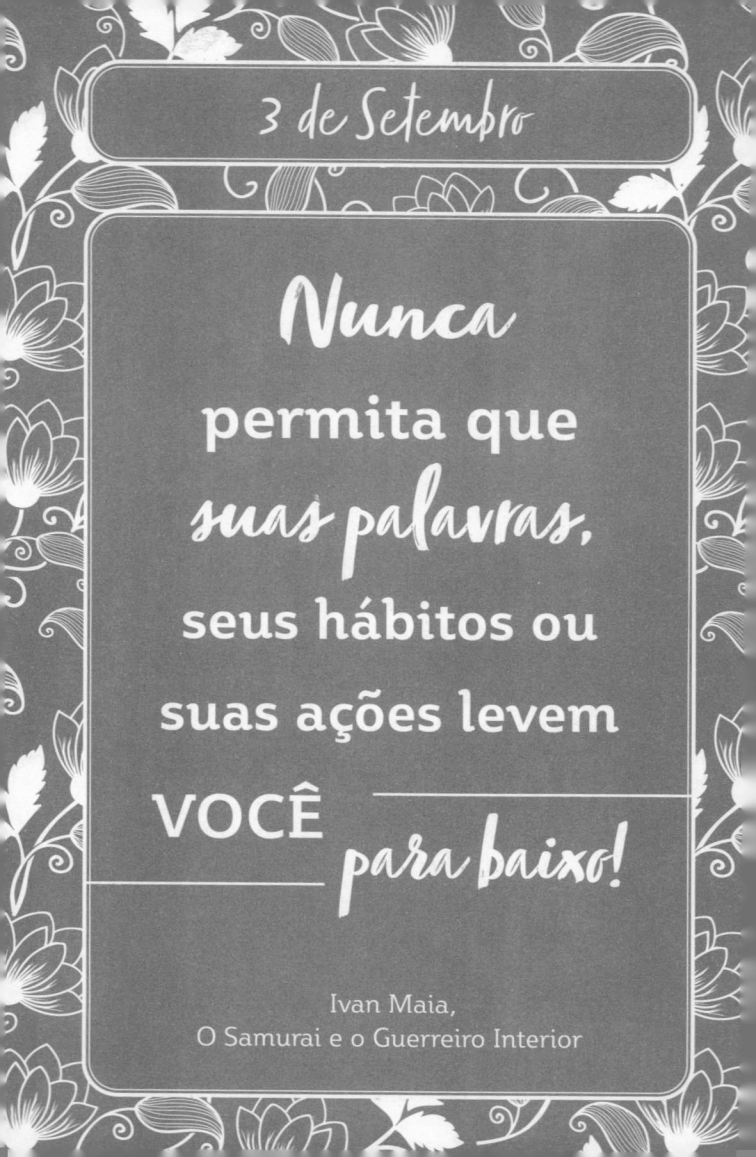

Nunca permita que *suas palavras,* seus hábitos ou suas ações levem VOCÊ *para baixo!*

Ivan Maia,
O Samurai e o Guerreiro Interior

4 de Setembro

As pessoas de uma FAMÍLIA são *ligadas* entre si e podem ser semelhantes em gestos e comportamentos, pois foram atraídas por AFINIDADE e SEMELHANÇA, para se curarem e aperfeiçoarem.

Carmen Mírio,
Regressão para Crianças

5 de Setembro

Não importa qual desafio você enfrente, a sua ALMA tem *força* para te reerguer.

William Sanches,
Desperte a sua Vitória

6 de Setembro

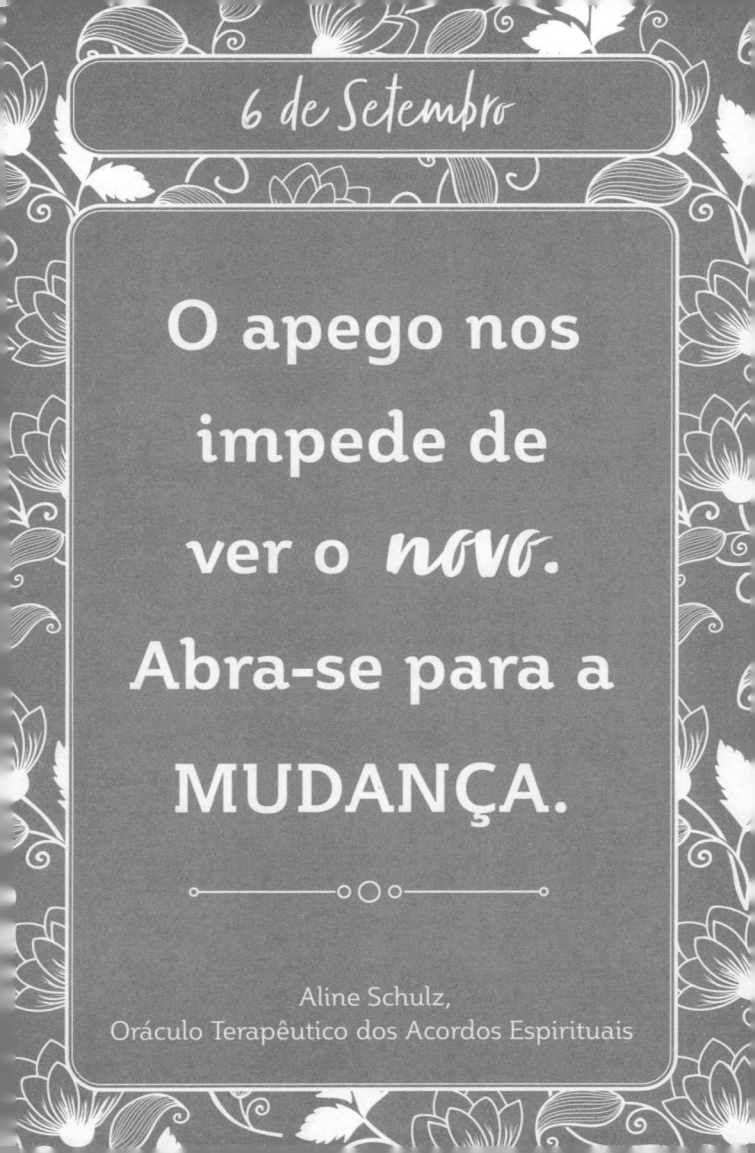

O apego nos impede de ver o *novo*.
Abra-se para a MUDANÇA.

—o○o—

Aline Schulz,
Oráculo Terapêutico dos Acordos Espirituais

7 de Setembro

Procure sempre se **EQUILIBRAR**, respirar, rezar, meditar.

Bruno Gimenes, Decisões

8 de Setembro

PARE

de se comparar

com os outros e

seja você

mesmo, mostrando

ao mundo a sua

MISSÃO.

Patrícia Cândido,
Código da Alma

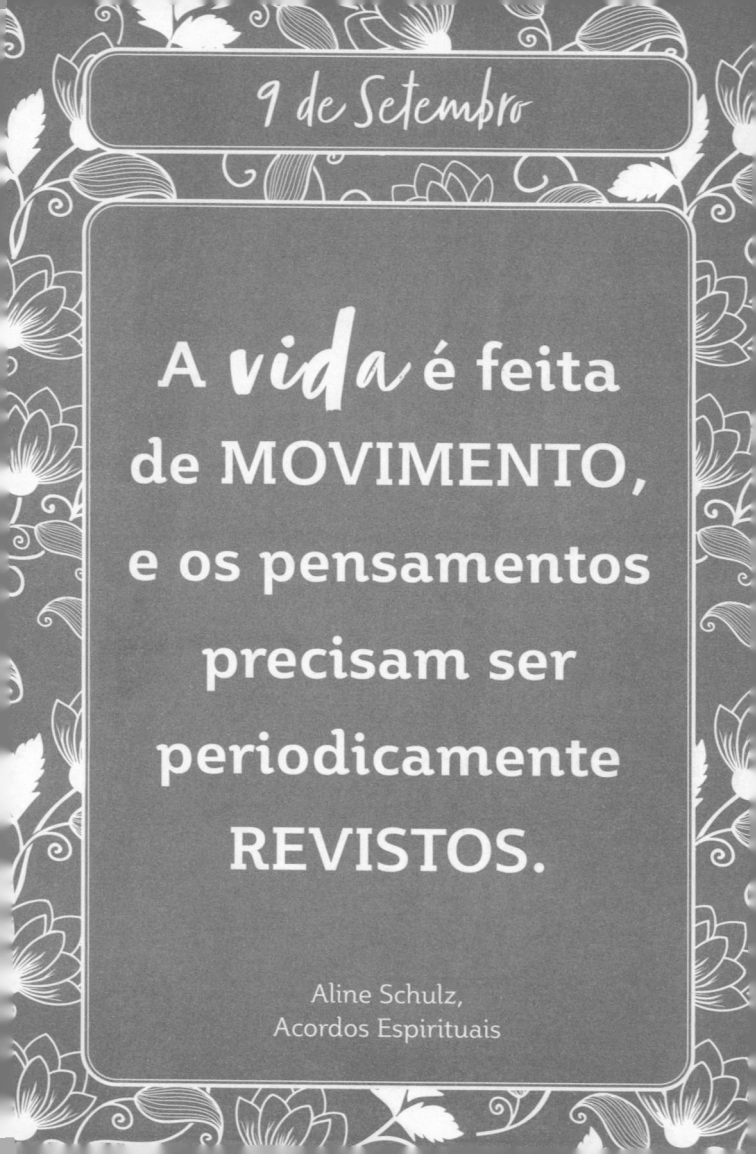

9 de Setembro

A *vida* é feita de MOVIMENTO, e os pensamentos precisam ser periodicamente REVISTOS.

Aline Schulz,
Acordos Espirituais

10 de Setembro

O único apego que você tem que ter é com o seu PROPÓSITO de *ser feliz.*

Bruno Gimenes,
Seja Rico / Selo MAP

11 de Setembro

Evoluir com liberdade, responsabilidade e universalismo é o VERDADEIRO serviço espiritual.

Patrícia Cândido,
Tarot Grandes Mestres da Humanidade / Ramatís

12 de Setembro

Quando você tem metas, quando você enxerga na sua mente aquilo que DESEJA manifestar, quando você consegue construir e manter a ideia do que seria uma vida perfeita, você manipula as ENERGIAS NATURAIS ao seu redor para que elas ATRAIAM os acontecimentos de mesmo padrão.

Você é criador da sua realidade!

Bruno Gimenes e Patrícia Cândido,
Conexão com a Prosperidade

13 de Setembro

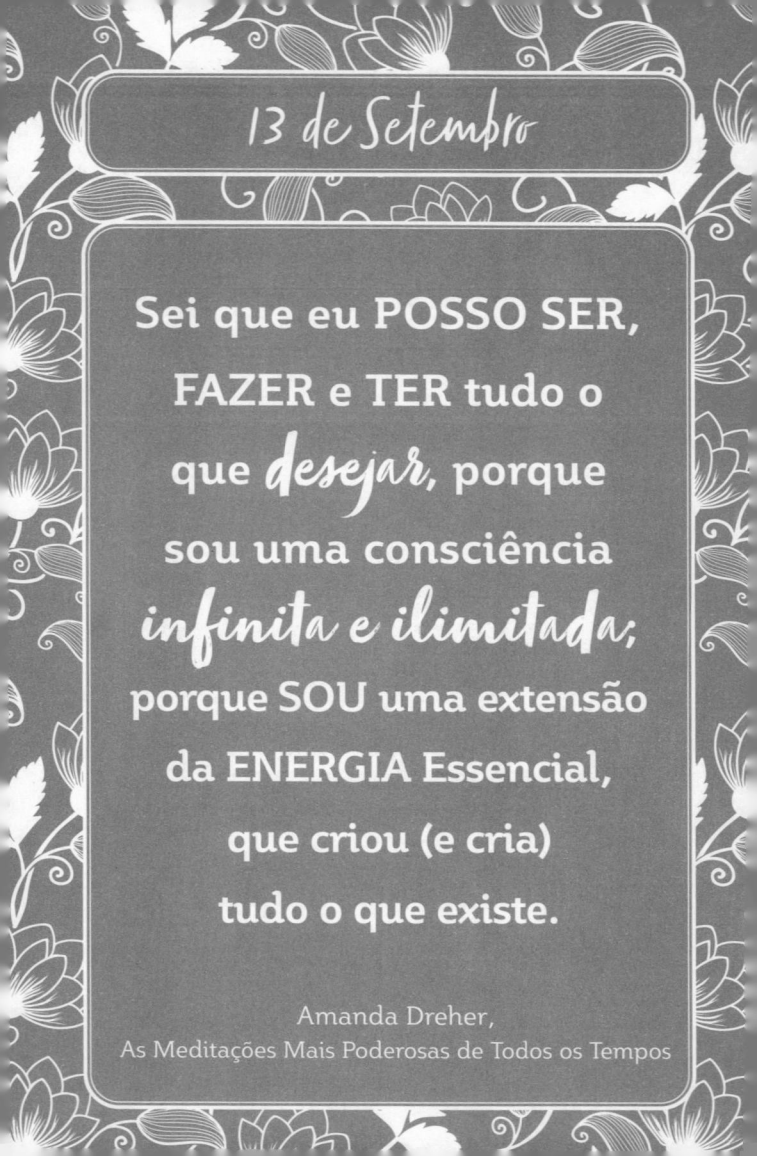

Sei que eu POSSO SER, FAZER e TER tudo o que *desejar*, porque sou uma consciência *infinita e ilimitada*; porque SOU uma extensão da ENERGIA Essencial, que criou (e cria) tudo o que existe.

Amanda Dreher,
As Meditações Mais Poderosas de Todos os Tempos

14 de Setembro

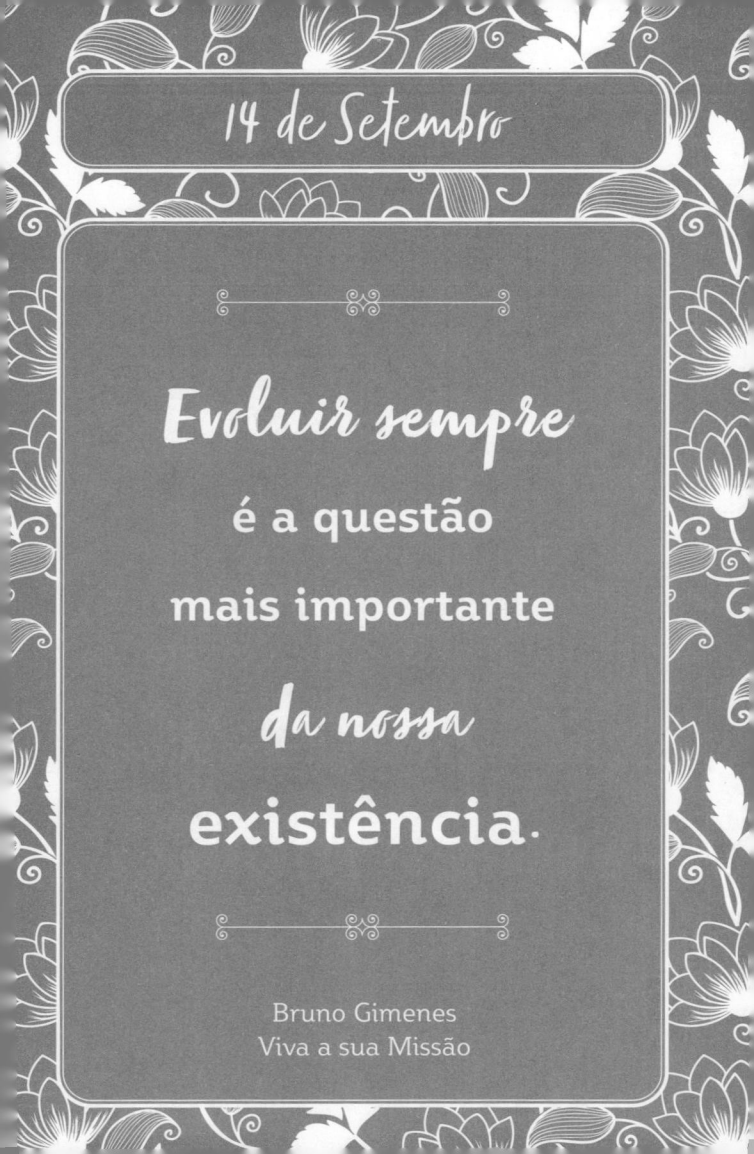

Evoluir sempre é a questão mais importante *da nossa* **existência**.

Bruno Gimenes
Viva a sua Missão

15 de Setembro

A VERDADE deve ser buscada, experienciada, vivida, para que nos libertemos do véu de ilusão, como fizeram os *Grandes Mestres*.

Patrícia Cândido,
Grandes Mestres da Humanidade

16 de Setembro

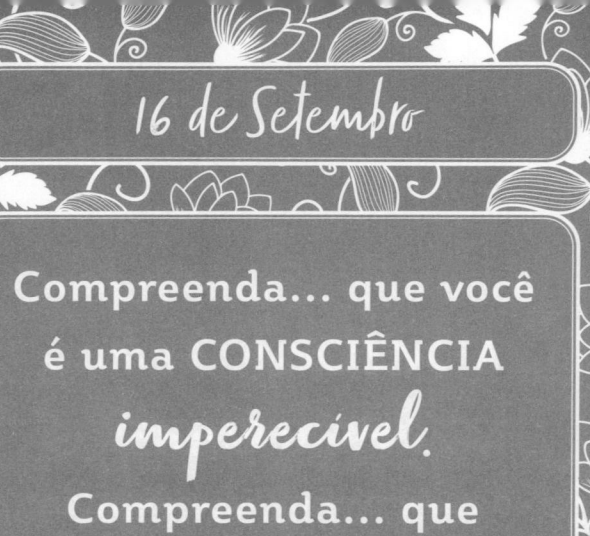

Compreenda... que você é uma CONSCIÊNCIA *imperecível*. Compreenda... que VIVER é importante para aprender e crescer. Compreenda... que TUDO PASSA, e importante é a *lição* que fica.

Wagner Borges,
Falando de Vida após a Morte

17 de Setembro

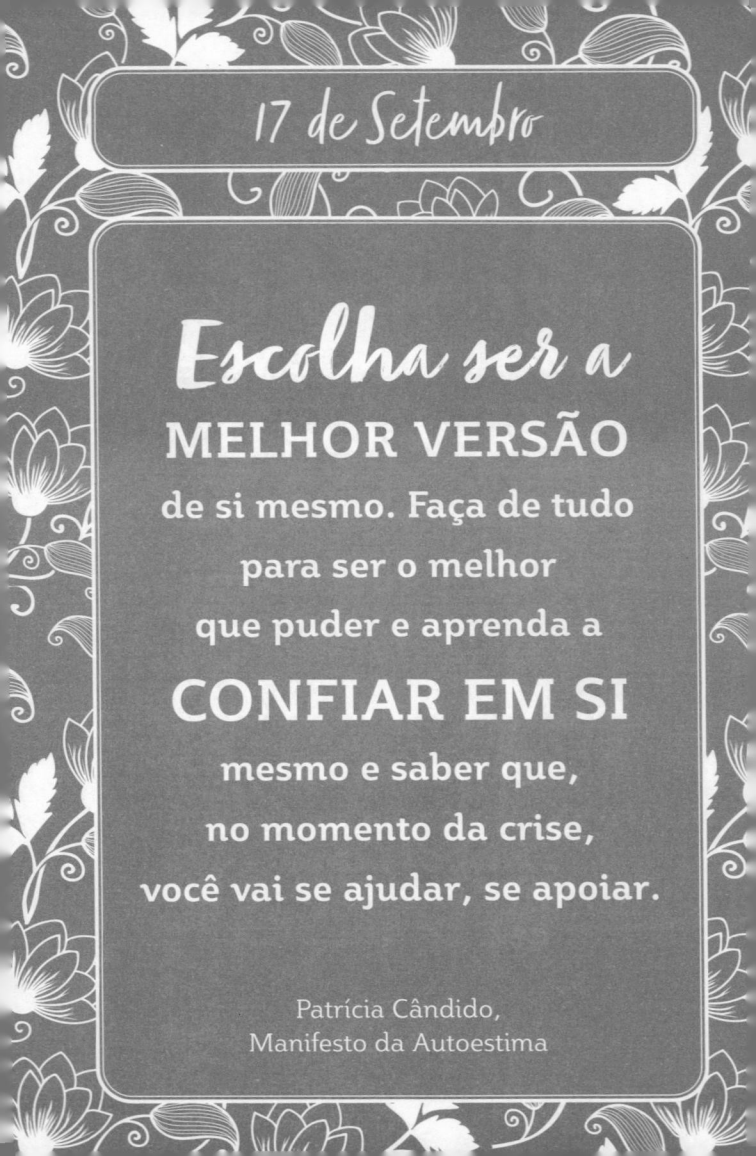

Escolha ser a **MELHOR VERSÃO** de si mesmo. Faça de tudo para ser o melhor que puder e aprenda a **CONFIAR EM SI** mesmo e saber que, no momento da crise, você vai se ajudar, se apoiar.

Patrícia Cândido,
Manifesto da Autoestima

18 de Setembro

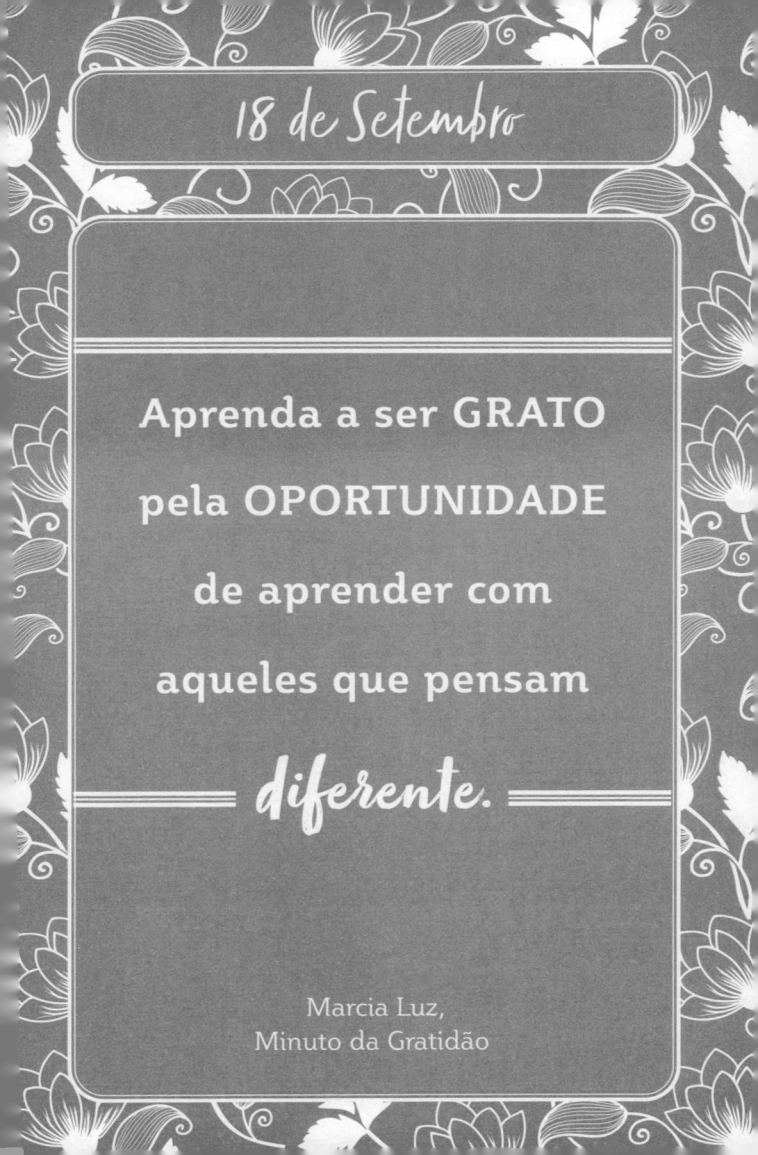

Aprenda a ser GRATO pela OPORTUNIDADE de aprender com aqueles que pensam *diferente.*

Marcia Luz,
Minuto da Gratidão

19 de Setembro

A personificação da sabedoria, da justiça e do **CONHECIMENTO DIVINO** afasta o apego, promovendo a verdadeira justiça.

Patrícia Cândido,
Tarot Grandes Mestres da Humanidade / Rama

20 de Setembro

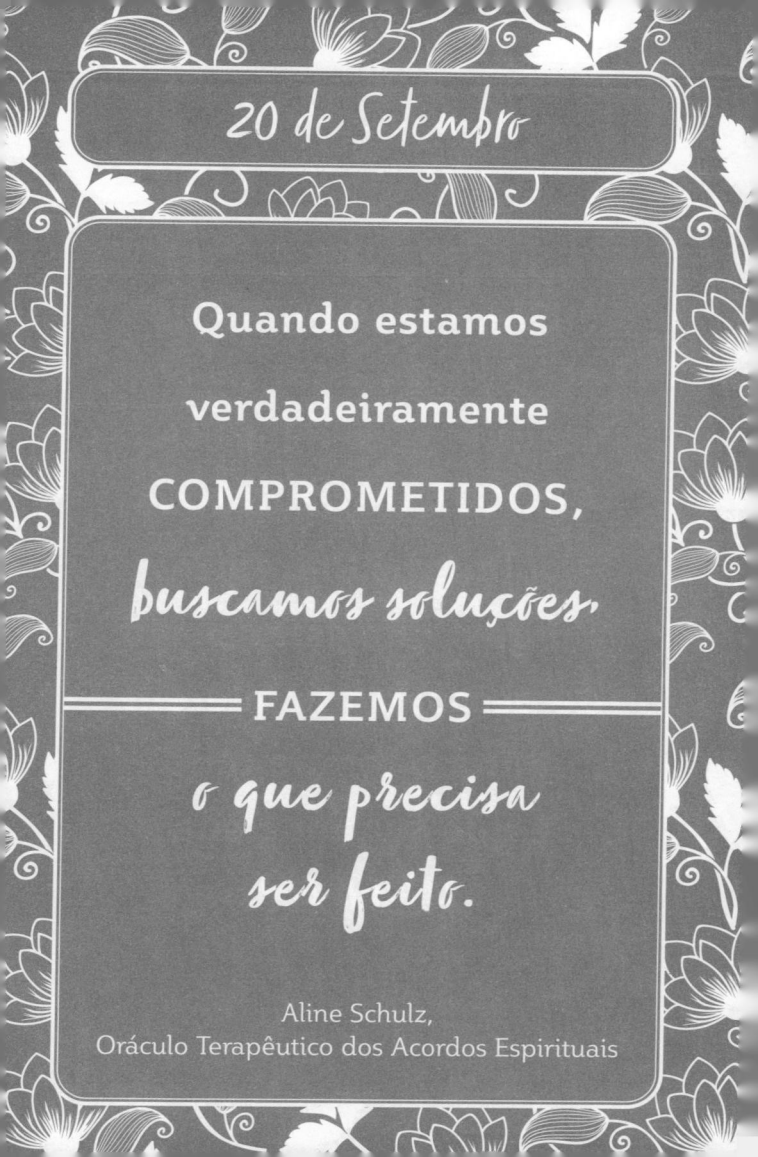

Quando estamos verdadeiramente COMPROMETIDOS, buscamos soluções, FAZEMOS o que precisa ser feito.

Aline Schulz,
Oráculo Terapêutico dos Acordos Espirituais

21 de Setembro

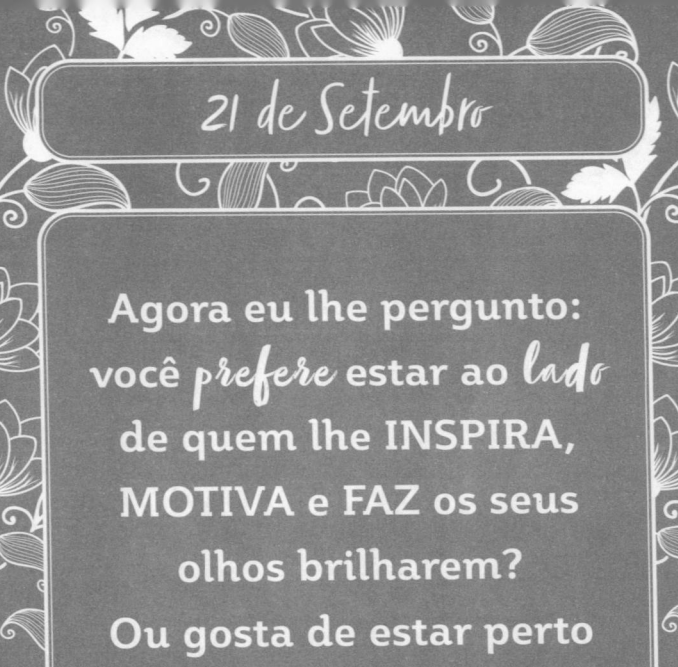

Agora eu lhe pergunto: você *prefere* estar ao *lado* de quem lhe INSPIRA, MOTIVA e FAZ os seus olhos brilharem?
Ou gosta de estar perto de pessoas que querem ajuda o tempo todo e que sugam a sua ALMA?

Cátia Bazzan,
Cuide-se

22 de Setembro

Escolher

VIVER NO PRESENTE

é decidir *ser feliz*.

A **VIDA** fica muito **MAIS LEVE** e nos

tornamos mais amáveis conosco e com os outros.

Amanda Dreher
Meditar Transforma

23 de Setembro

Lembre-se sempre: quem duvida do seu poder dá poder às suas dúvidas.

Bruno Gimenes e Patrícia Cândido,
O Criador da Realidade

24 de Setembro

Amoleça seu coração e **AME** incondicionalmente.

Bruno Gimenes, Patrícia Cândido, Denise Carillo,
Tarô da Fitoenergética / Jurubeba

25 de Setembro

Quando você **BRILHA** sendo você mesmo e realizando a sua missão, você encanta, impacta e **INSPIRA** ainda mais as pessoas ao seu redor.

Bruno Gimenes
Propósito Inabalável

26 de Setembro

Sempre que sentir ansiedade, medo, insatisfação, quando estiver sobrecarregado, esgotado, ou a VIDA parecer difícil demais, você pode acessar um lugar de PAZ e SERENIDADE dentro de si mesmo por meio da sua *conexão interior*.

Amanda Dreher
Stop Ansiedade

27 de Setembro

HOJE

e todos os dias escolho irradiar

LUZ

Hávini Sá,
O Poder dos Mantras

28 de Setembro

A maior parte do seu *tempo*, o seu FOCO deve estar no que você AMA e no que deseja *conquistar*.

Bruno Gimenes,
O Tratado da Prosperidade

29 de Setembro

Espiritualizar-se é atingir um estado constante de busca por EXPANSÃO da consciência, e isso lhe dá a certeza de que, não importa onde nem quando, as coisas *vão dar certo!*

Bruno Gimenes,
Sintonia de Luz

30 de Setembro

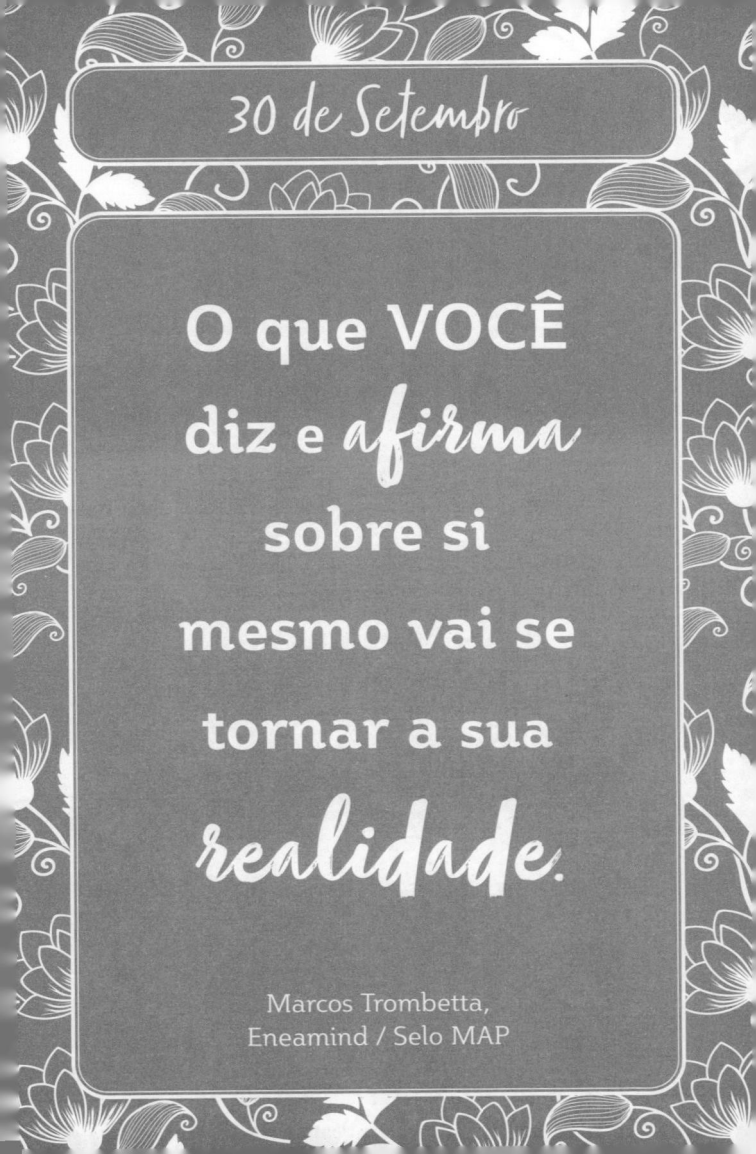

O que VOCÊ diz e *afirma* sobre si mesmo vai se tornar a sua *realidade*.

Marcos Trombetta,
Eneamind / Selo MAP

Outubro

1º de Outubro

A *família* é a união de espíritos unidos por laços cármicos e também por afinidades. Trata-se do cenário perfeito no qual somos inseridos, porque proporciona inúmeras POSSIBILIDADES de resgates (transmutação do carma ruim) de uma só vez.

Bruno Gimenes e Patrícia Cândido, Evolução Espiritual na Prática

2 de Outubro

Quando você se CONCENTRAR em algo, sempre aproximará seu ponto de atração para esse pensamento, aumentando a força dessa criação. Por isso, se você não quer que algo aconteça, *simplesmente não pense nisso!*

Bruno Gimenes e Patrícia Cândido,
O Criador da Realidade

3 de Outubro

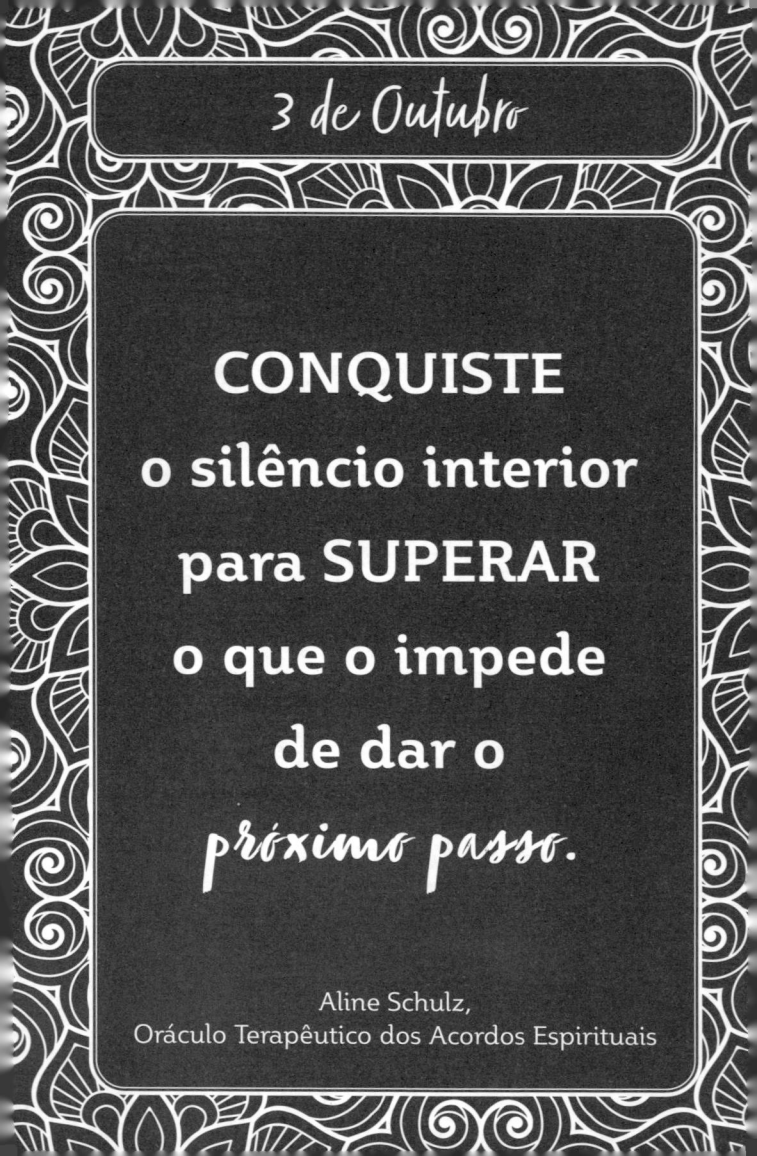

CONQUISTE o silêncio interior para **SUPERAR** o que o impede de dar o *próximo passo.*

Aline Schulz,
Oráculo Terapêutico dos Acordos Espirituais

4 de Outubro

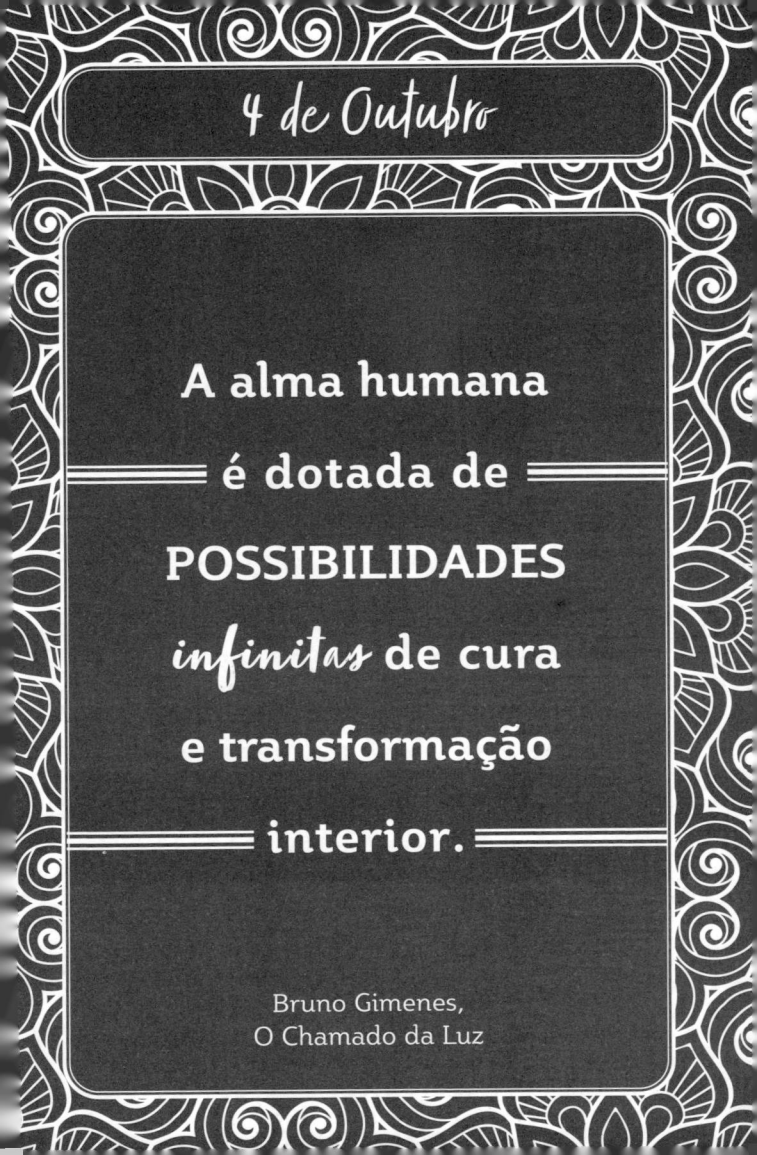

A alma humana é dotada de POSSIBILIDADES *infinitas* de cura e transformação interior.

Bruno Gimenes,
O Chamado da Luz

5 de Outubro

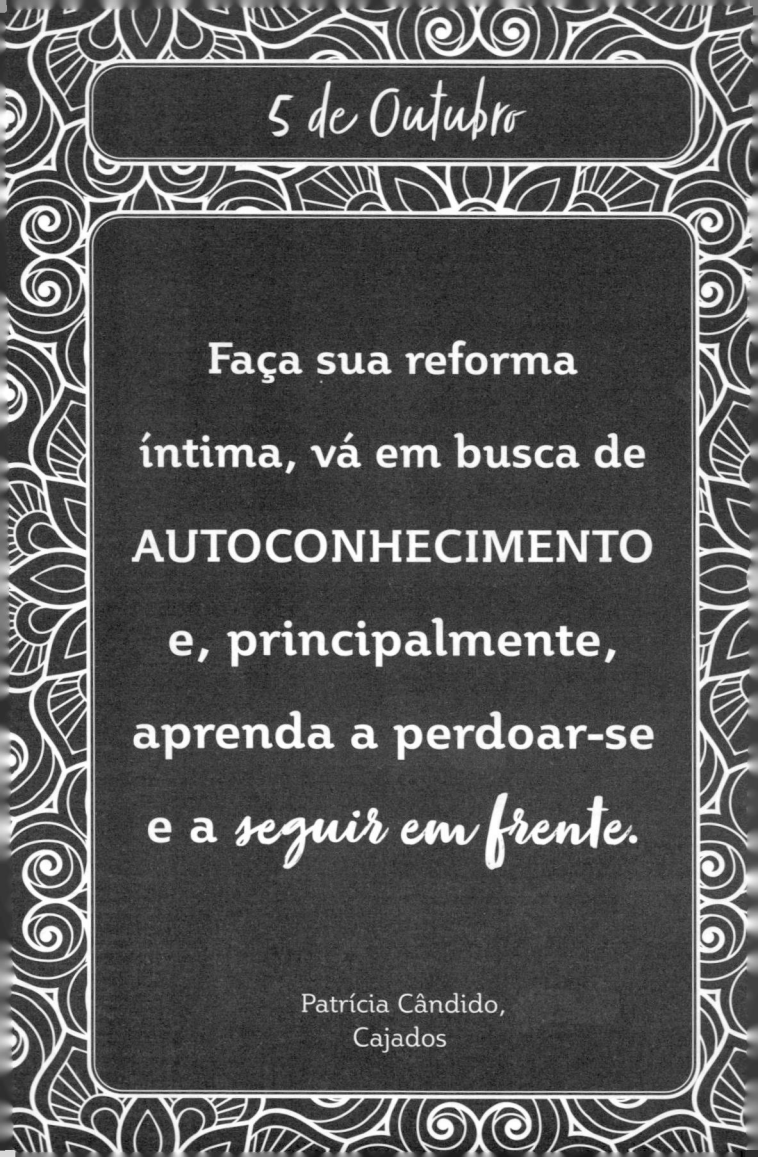

Faça sua reforma íntima, vá em busca de AUTOCONHECIMENTO e, principalmente, aprenda a perdoar-se e a *seguir em frente.*

Patrícia Cândido,
Cajados

6 de Outubro

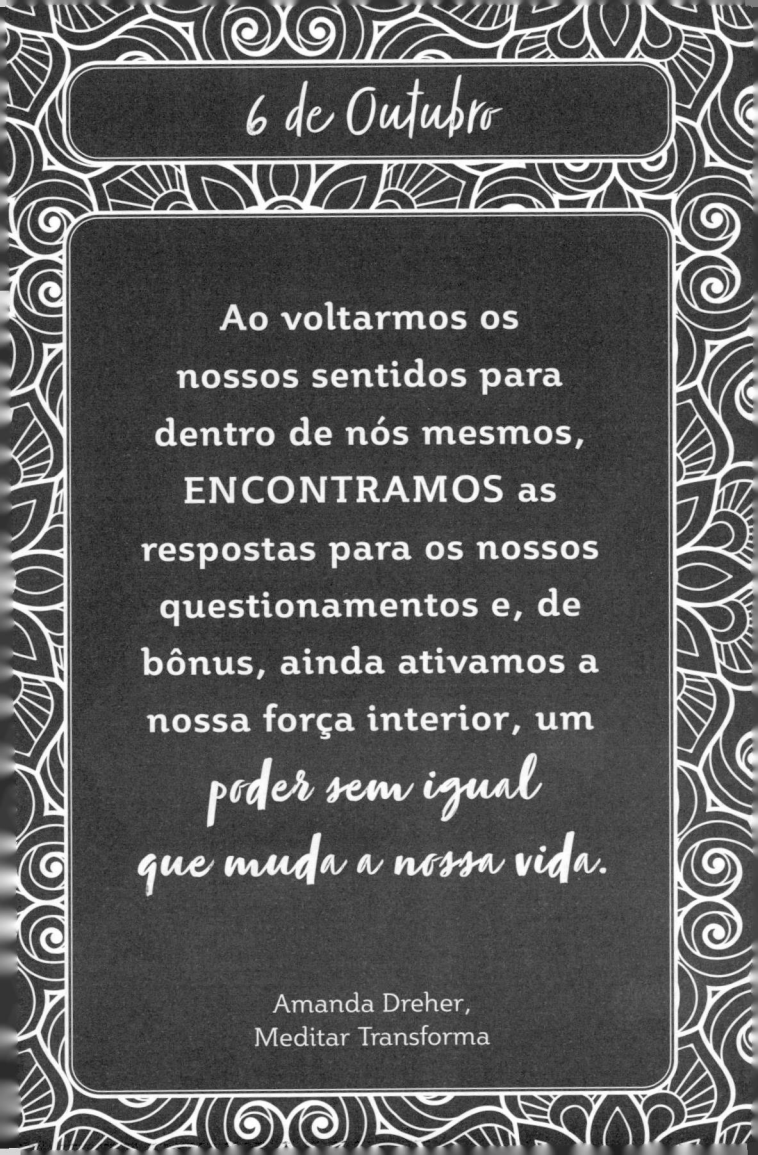

Ao voltarmos os nossos sentidos para dentro de nós mesmos, ENCONTRAMOS as respostas para os nossos questionamentos e, de bônus, ainda ativamos a nossa força interior, um *poder sem igual que muda a nossa vida.*

Amanda Dreher,
Meditar Transforma

7 de Outubro

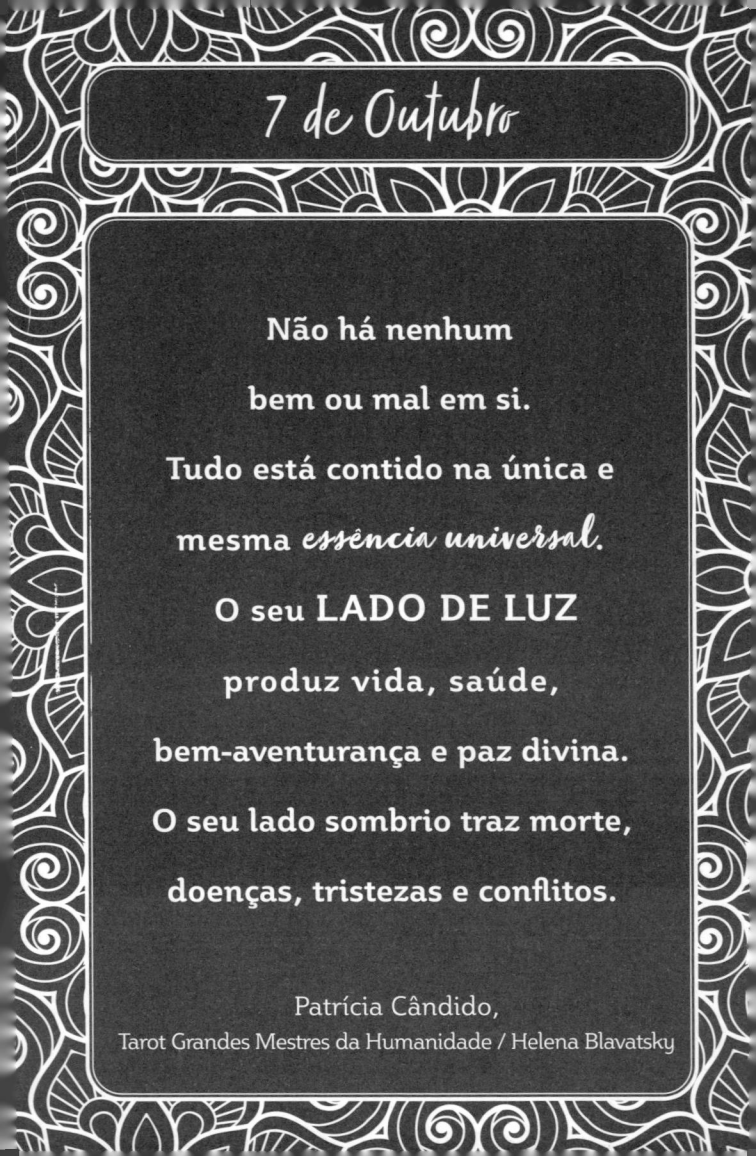

Não há nenhum bem ou mal em si. Tudo está contido na única e mesma *essência universal*. O seu **LADO DE LUZ** produz vida, saúde, bem-aventurança e paz divina. O seu lado sombrio traz morte, doenças, tristezas e conflitos.

Patrícia Cândido,
Tarot Grandes Mestres da Humanidade / Helena Blavatsky

8 de Outubro

Nós somos o **NÚCLEO ENERGÉTICO** do ambiente onde habitamos e nos relacionamos, determinando internamente o **RESULTADO** externo, através do que **PENSAMOS** e **SENTIMOS**.

Bruno Gimenes e Patrícia Cândido,
O Criador da Realidade

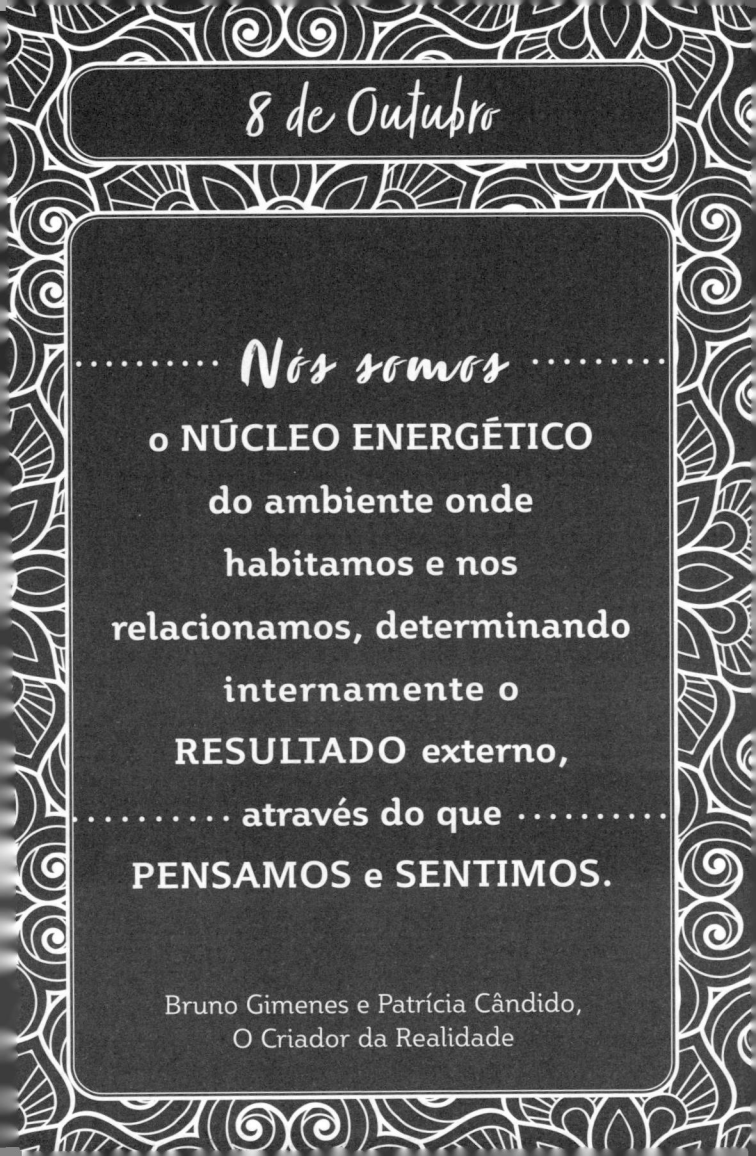

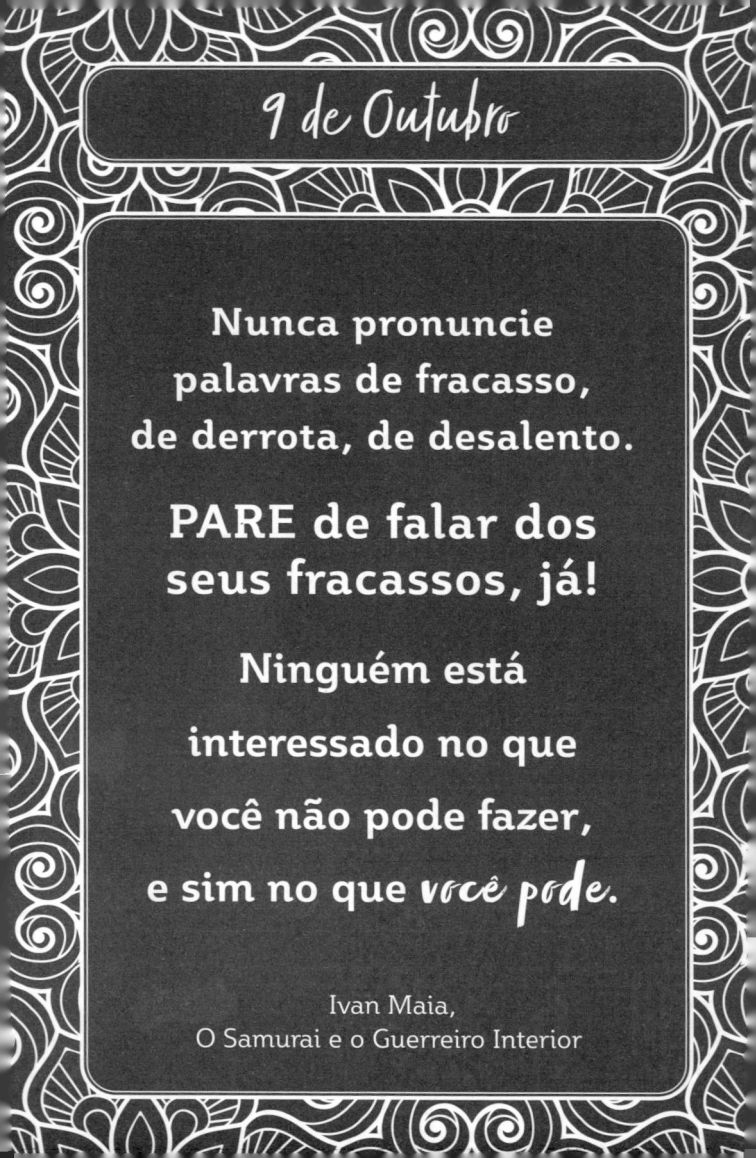

9 de Outubro

Nunca pronuncie palavras de fracasso, de derrota, de desalento.

PARE de falar dos seus fracassos, já!

Ninguém está interessado no que você não pode fazer, e sim no que *você pode.*

Ivan Maia,
O Samurai e o Guerreiro Interior

10 de Outubro

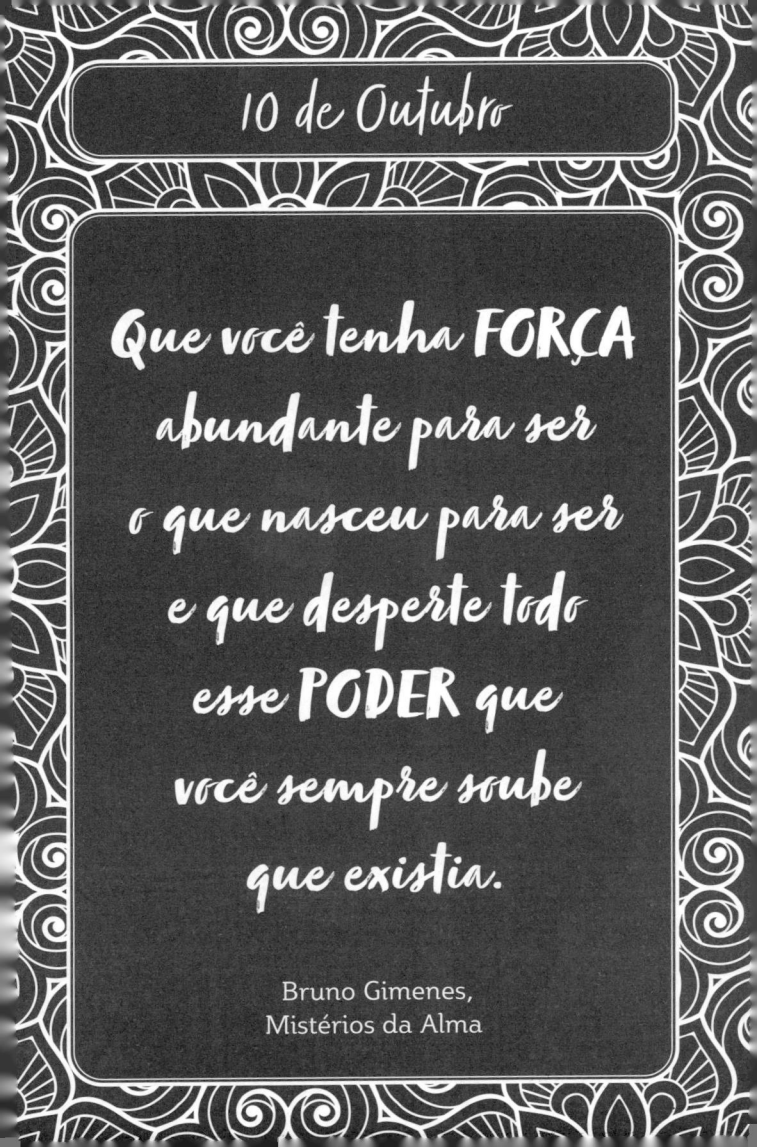

Que você tenha **FORÇA** abundante para ser o que nasceu para ser e que desperte todo esse **PODER** que você sempre soube que existia.

Bruno Gimenes,
Mistérios da Alma

11 de Outubro

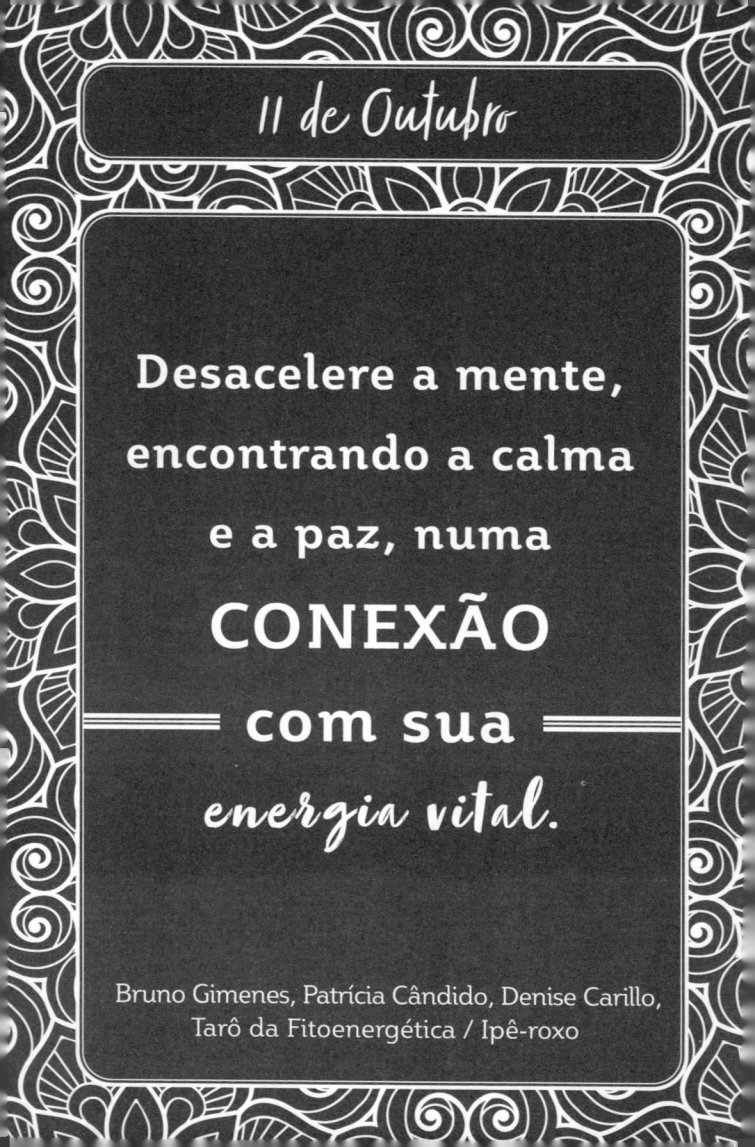

Desacelere a mente, encontrando a calma e a paz, numa **CONEXÃO** com sua *energia vital.*

Bruno Gimenes, Patrícia Cândido, Denise Carillo,
Tarô da Fitoenergética / Ipê-roxo

12 de Outubro

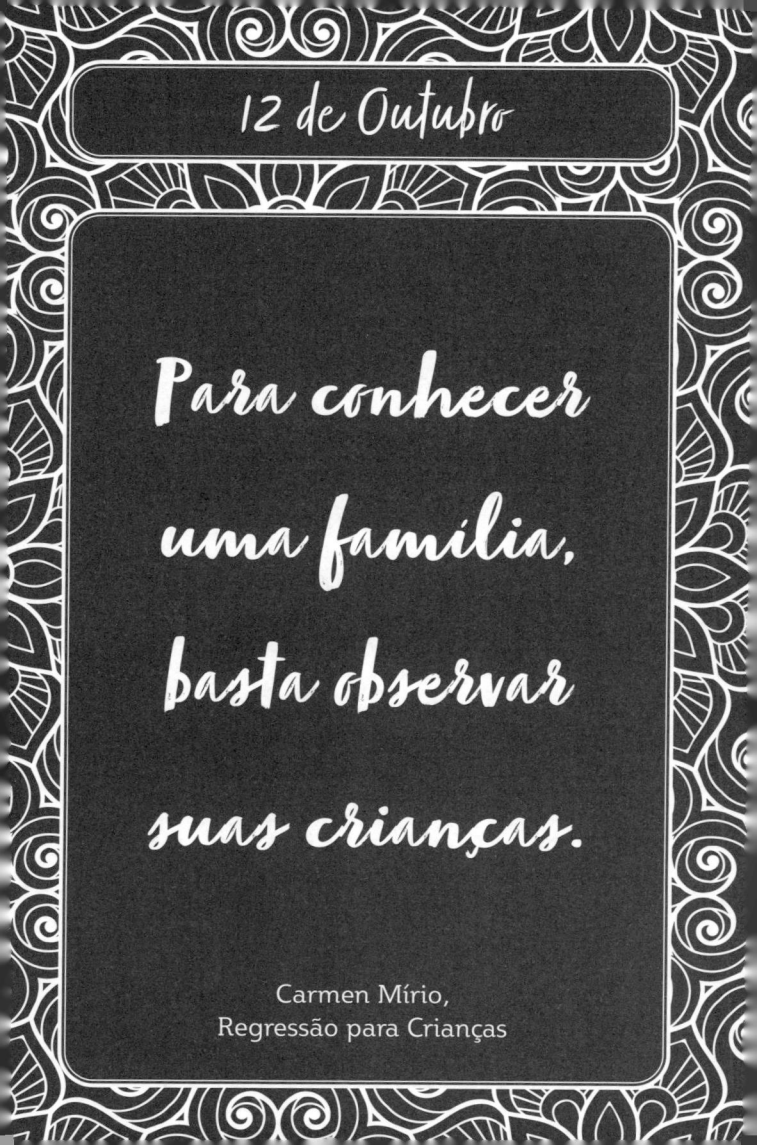

Para conhecer uma família, basta observar suas crianças.

Carmen Mírio,
Regressão para Crianças

13 de Outubro

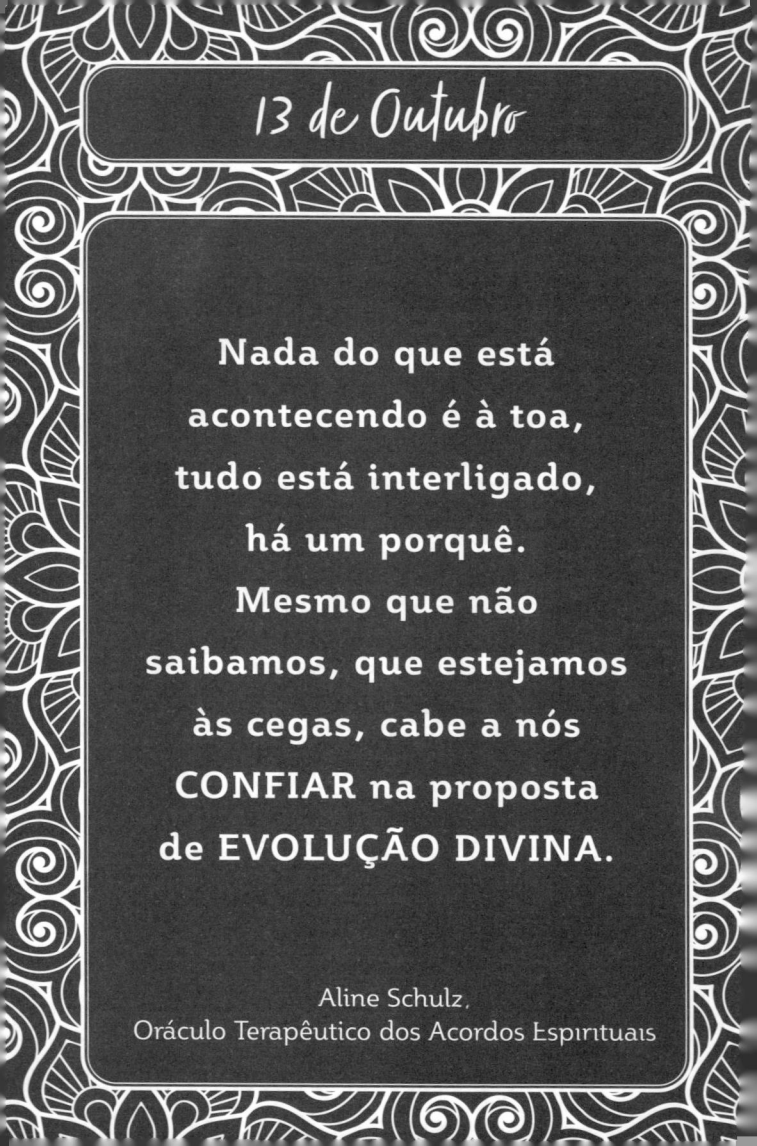

Nada do que está acontecendo é à toa, tudo está interligado, há um porquê. Mesmo que não saibamos, que estejamos às cegas, cabe a nós CONFIAR na proposta de EVOLUÇÃO DIVINA.

Aline Schulz,
Oráculo Terapêutico dos Acordos Espirituais

14 de Outubro

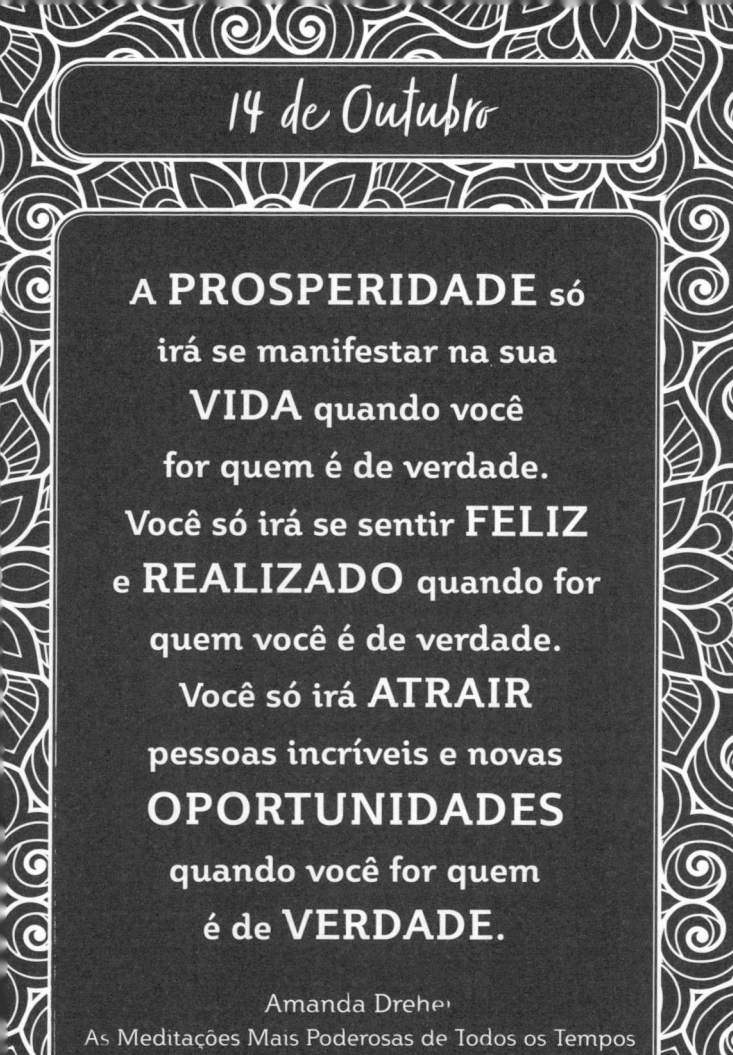

A **PROSPERIDADE** só irá se manifestar na sua **VIDA** quando você for quem é de verdade. Você só irá se sentir **FELIZ** e **REALIZADO** quando for quem você é de verdade. Você só irá **ATRAIR** pessoas incríveis e novas **OPORTUNIDADES** quando você for quem é de **VERDADE**.

Amanda Dreher
As Meditações Mais Poderosas de Todos os Tempos

15 de Outubro

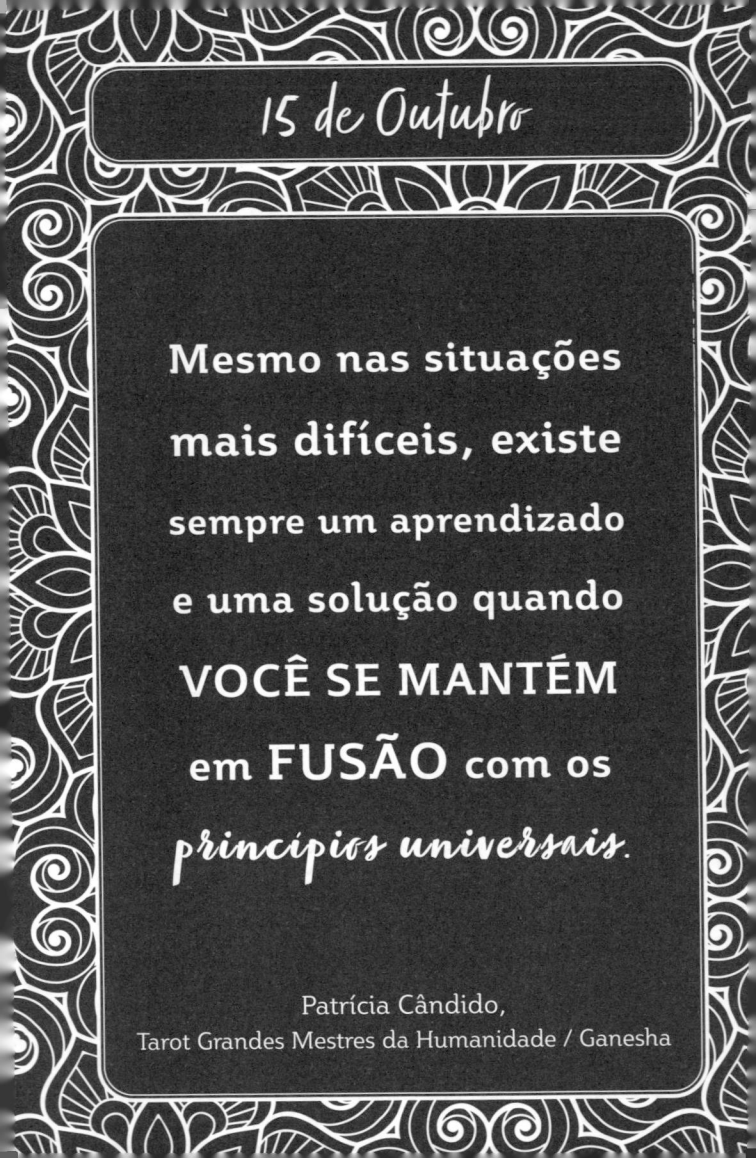

Mesmo nas situações mais difíceis, existe sempre um aprendizado e uma solução quando **VOCÊ SE MANTÉM** em **FUSÃO** com os *princípios universais*.

Patrícia Cândido,
Tarot Grandes Mestres da Humanidade / Ganesha

16 de Outubro

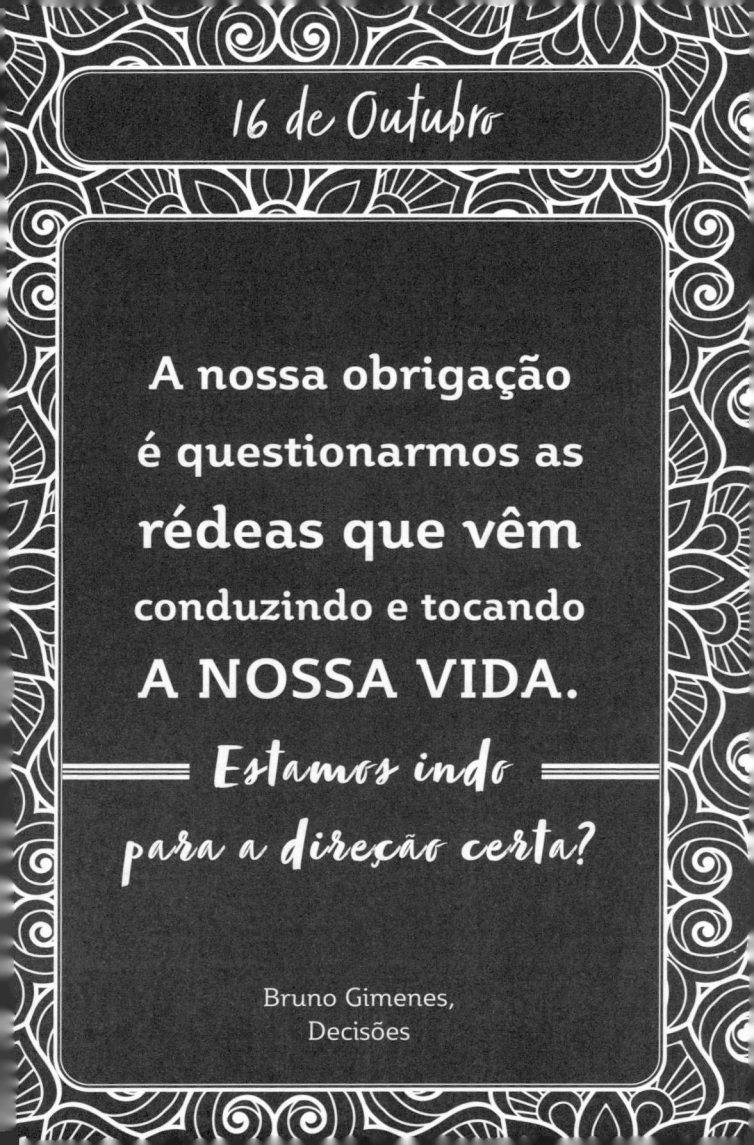

A nossa obrigação é questionarmos as **rédeas que vêm** conduzindo e tocando **A NOSSA VIDA.** *Estamos indo para a direção certa?*

Bruno Gimenes,
Decisões

17 de Outubro

Você precisa ser o que **NASCEU PARA SER**. Precisa encontrar o seu lugar no mundo e realizar a missão da sua alma, pois só assim você estará integrado com a sua própria essência, que por consequência é a via de acesso da **PLENITUDE** em sua vida.

Bruno Gimenes e Patrícia Cândido, Conexão com a Prosperidade

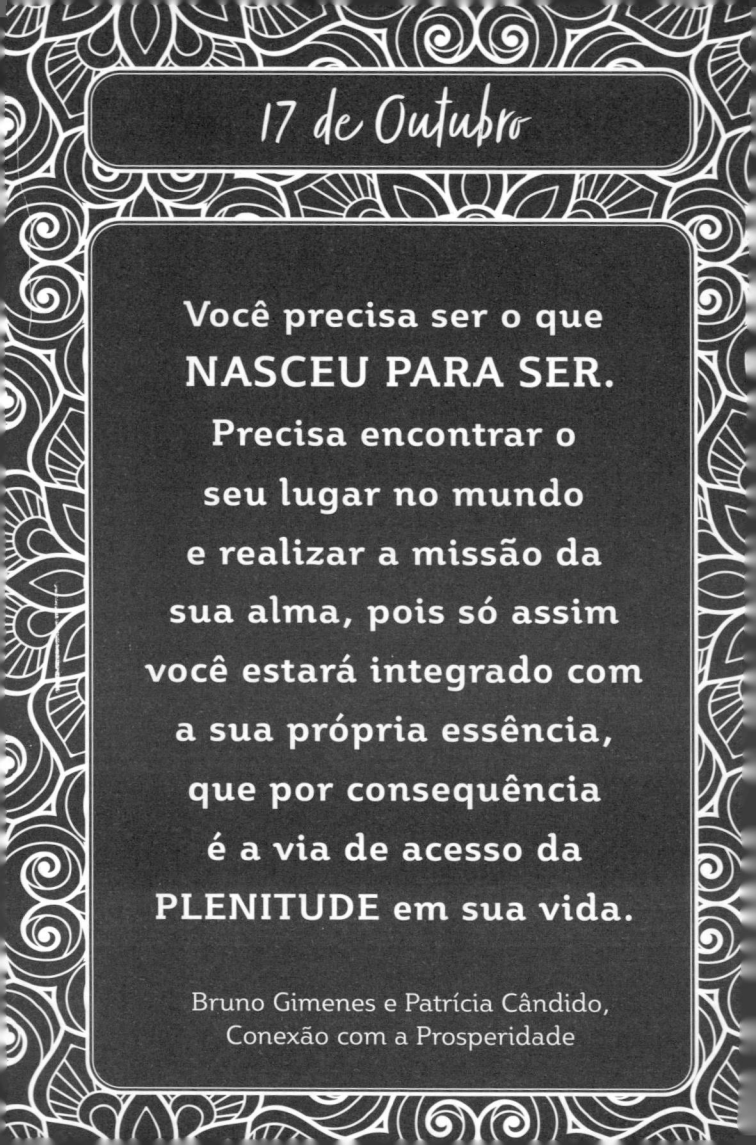

18 de Outubro

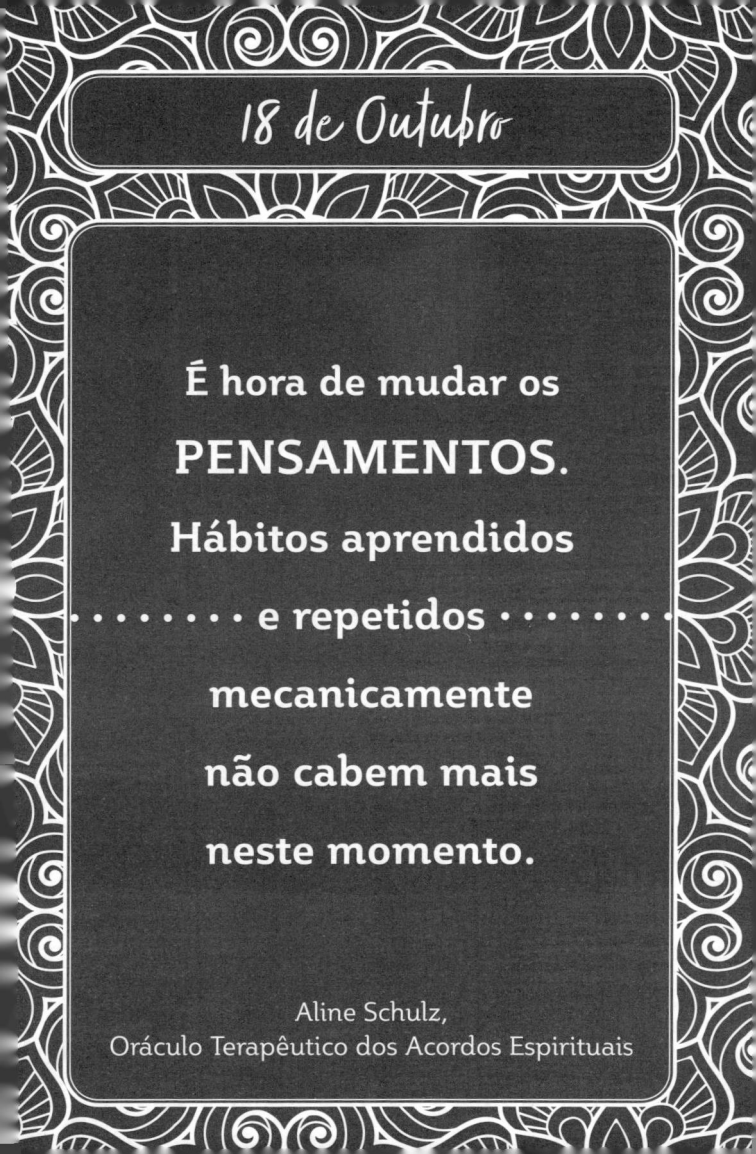

É hora de mudar os **PENSAMENTOS**. Hábitos aprendidos ········ e repetidos ········ mecanicamente não cabem mais neste momento.

Aline Schulz,
Oráculo Terapêutico dos Acordos Espirituais

19 de Outubro

Para criar realidades que você deseja, antes você precisará criá-la em sua mente, em seus sentimentos. Quando conseguir SENTIR a sensação dos objetivos alcançados, mesmo que fisicamente ainda não esteja em suas mãos, você já terá dado início à sua criação consciente.

Bruno Gimenes,
O Tratado da Prosperidade

20 de Outubro

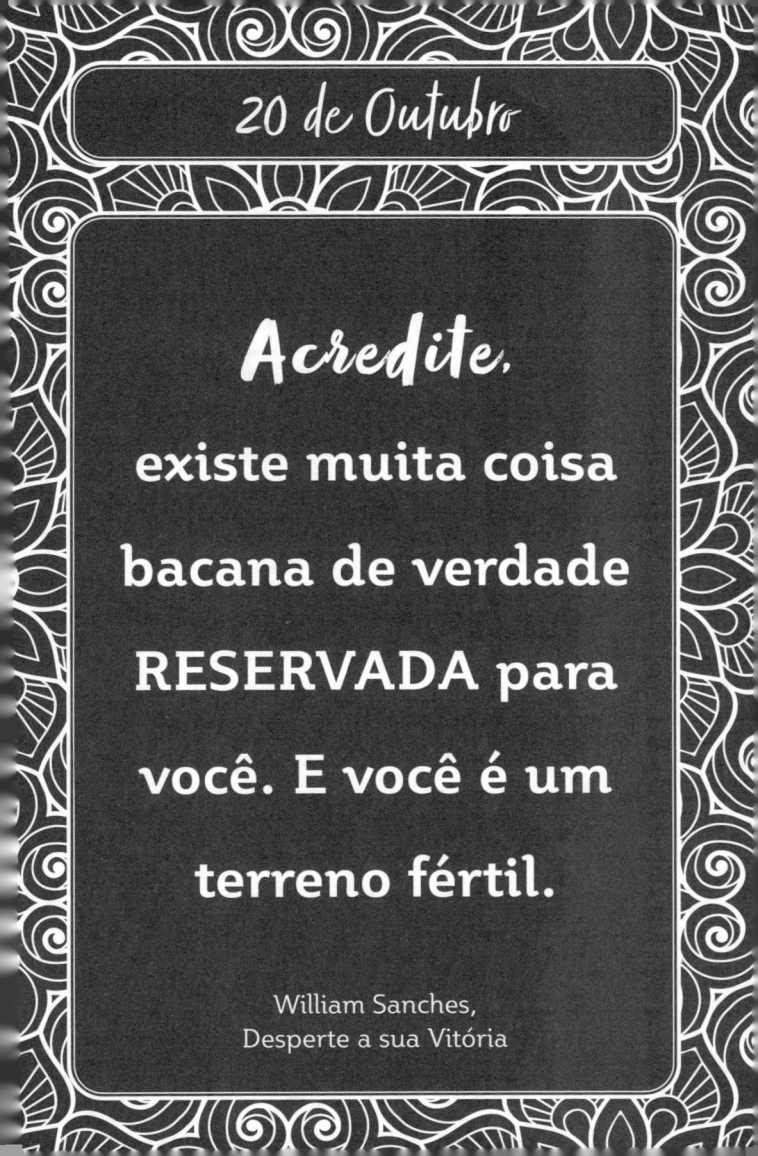

Acredite,

existe muita coisa bacana de verdade RESERVADA para você. E você é um terreno fértil.

William Sanches,
Desperte a sua Vitória

21 de Outubro

É preciso DESAPEGAR do que não faz mais você feliz HOJE. Olhar para o passado e sentir apenas GRATIDÃO – sem culpas, sem vergonhas, sem vitimização, sem acreditar que "aquele tempo é que era bom".

Amanda Dreher,
Stop Ansiedade

22 de Outubro

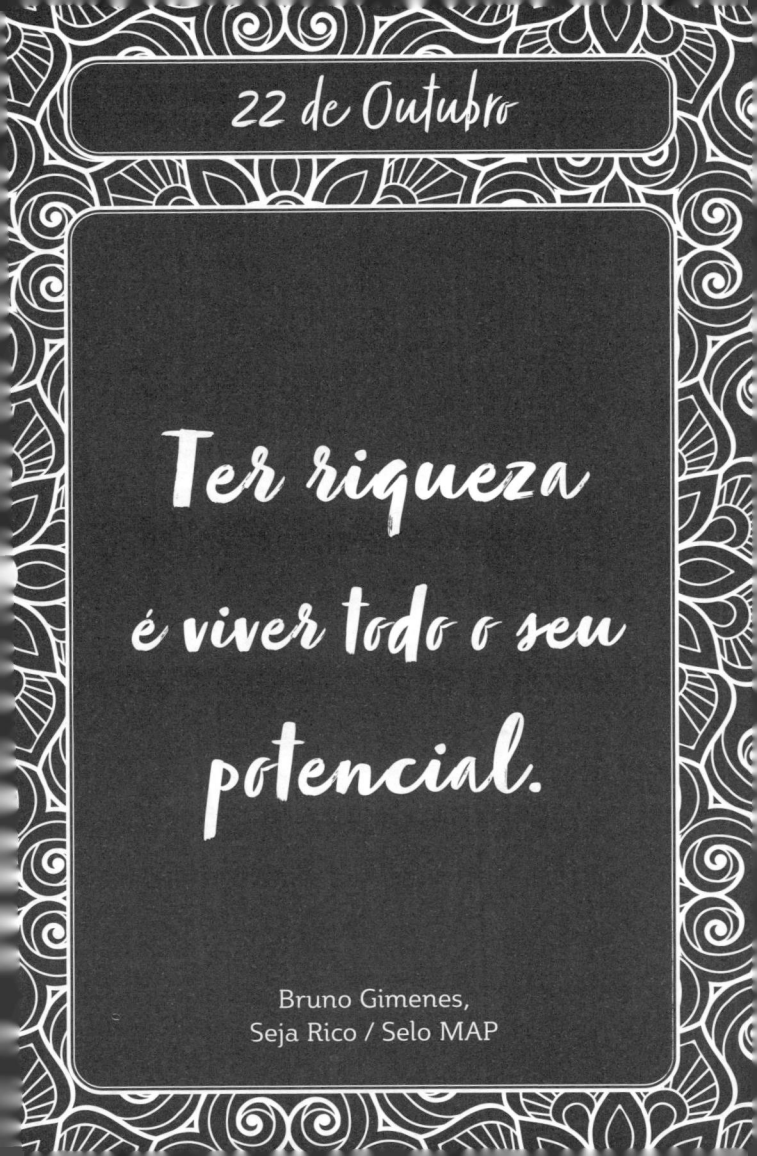

Ter riqueza é viver todo o seu potencial.

Bruno Gimenes,
Seja Rico / Selo MAP

23 de Outubro

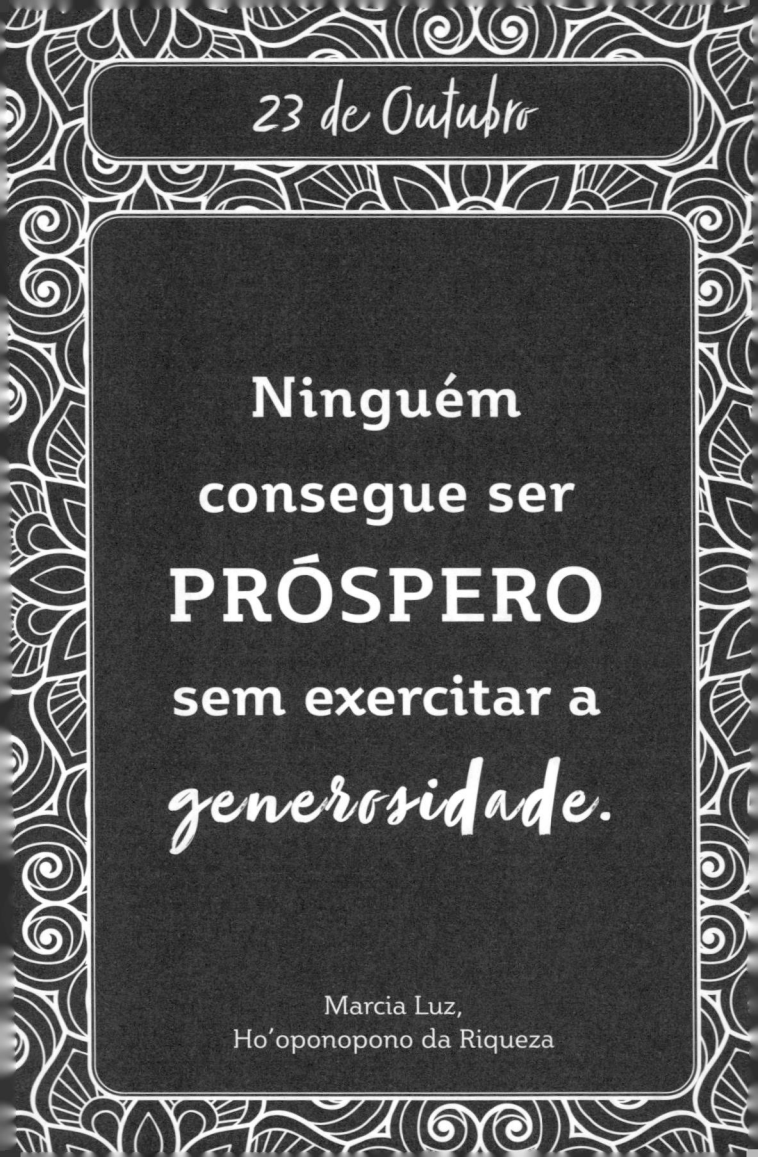

Ninguém consegue ser **PRÓSPERO** sem exercitar a *generosidade.*

Marcia Luz,
Ho'oponopono da Riqueza

24 de Outubro

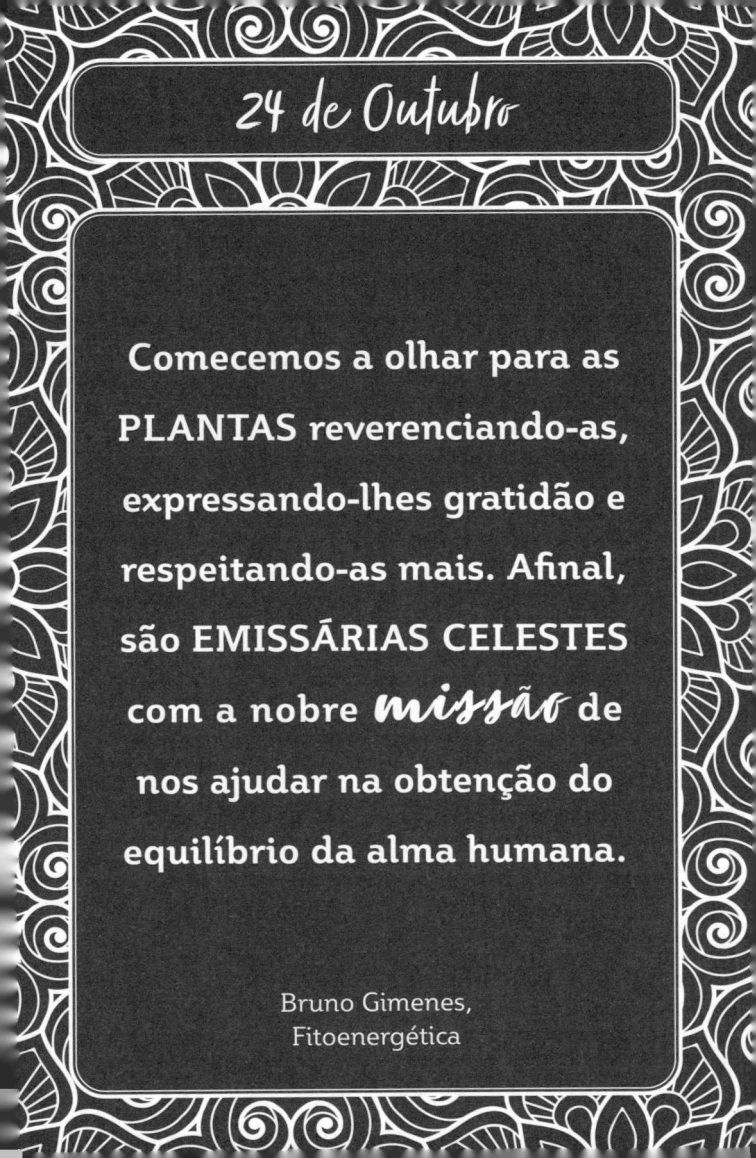

Comecemos a olhar para as PLANTAS reverenciando-as, expressando-lhes gratidão e respeitando-as mais. Afinal, são EMISSÁRIAS CELESTES com a nobre *missão* de nos ajudar na obtenção do equilíbrio da alma humana.

Bruno Gimenes,
Fitoenergética

25 de Outubro

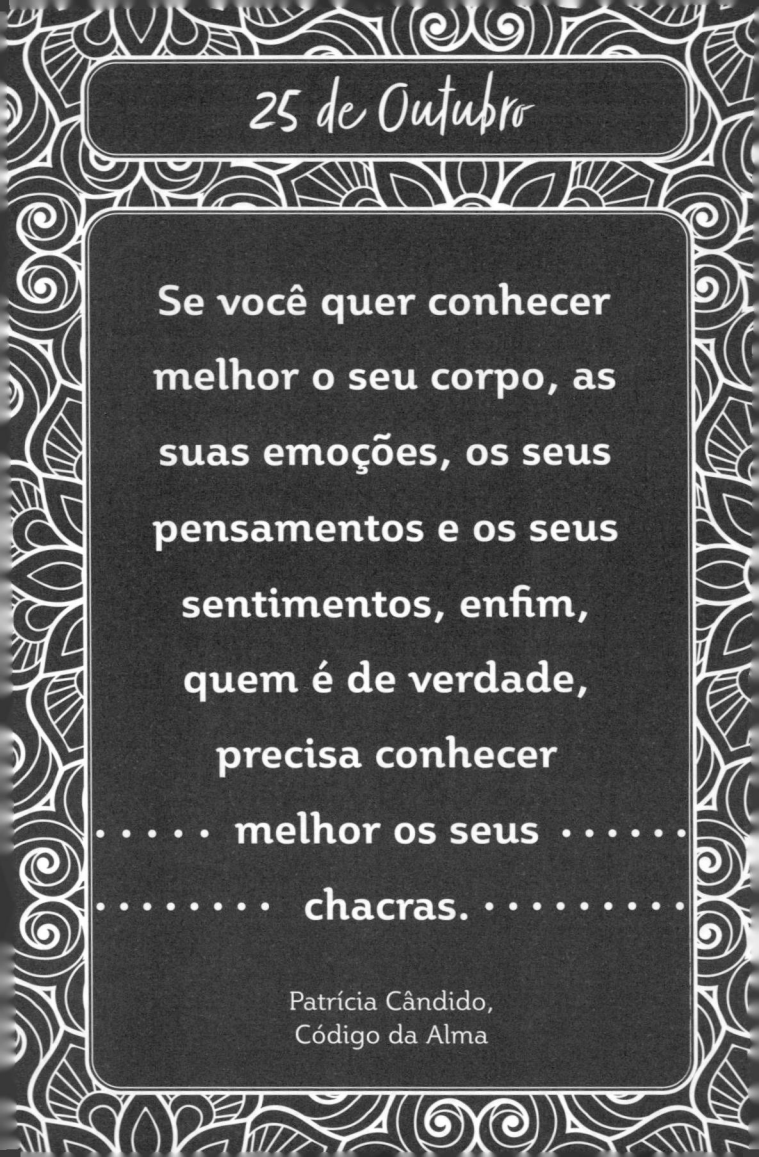

Se você quer conhecer melhor o seu corpo, as suas emoções, os seus pensamentos e os seus sentimentos, enfim, quem é de verdade, precisa conhecer melhor os seus chacras.

Patrícia Cândido,
Código da Alma

26 de Outubro

É tempo de regenerar a mente e o corpo mudando os pensamentos.

Bruno Gimenes, Patrícia Cândido, Denise Carillo, Tarô da Fitoenergética / Babosa

27 de Outubro

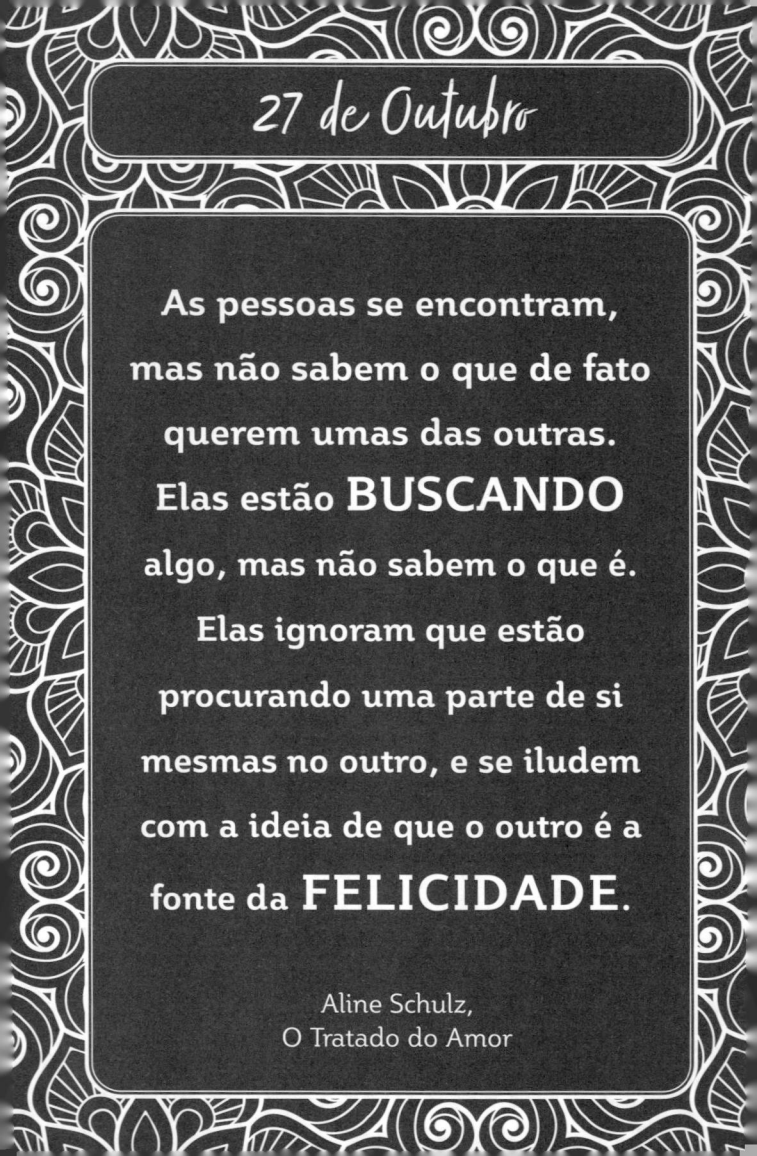

As pessoas se encontram, mas não sabem o que de fato querem umas das outras. Elas estão **BUSCANDO** algo, mas não sabem o que é. Elas ignoram que estão procurando uma parte de si mesmas no outro, e se iludem com a ideia de que o outro é a fonte da **FELICIDADE**.

Aline Schulz,
O Tratado do Amor

28 de Outubro

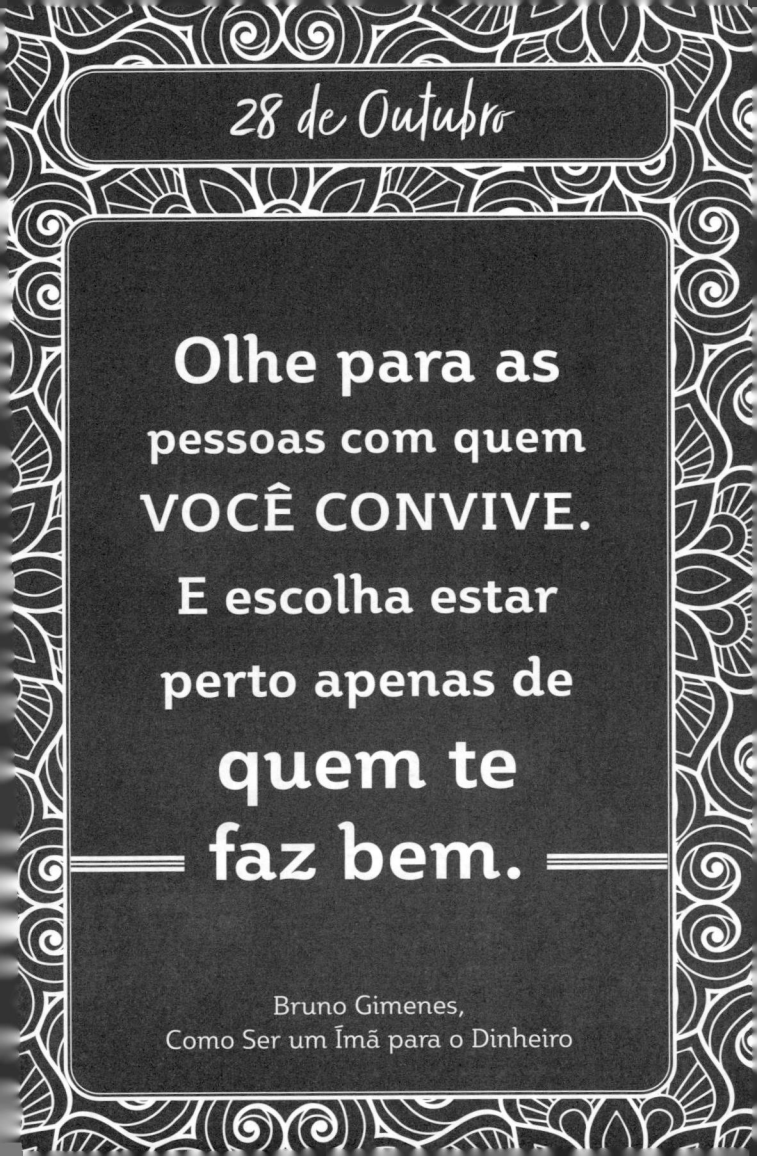

Olhe para as pessoas com quem VOCÊ CONVIVE. E escolha estar perto apenas de quem te faz bem.

Bruno Gimenes,
Como Ser um Ímã para o Dinheiro

29 de Outubro

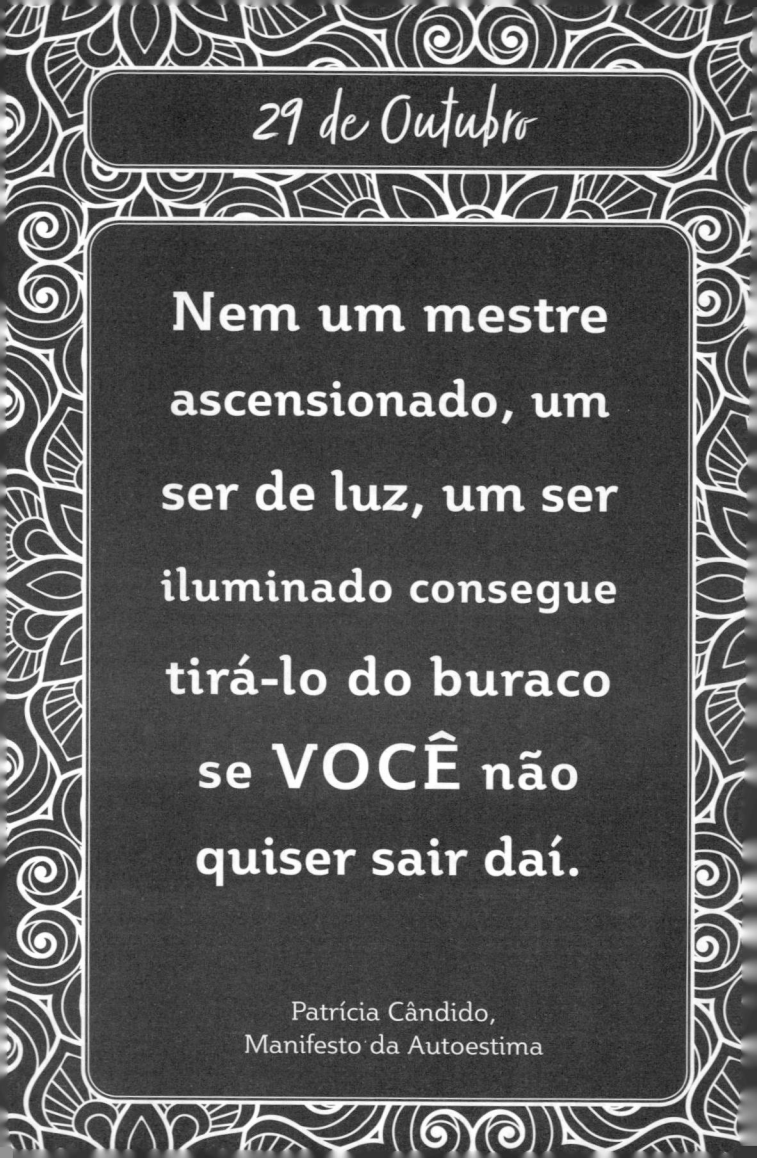

Nem um mestre ascensionado, um ser de luz, um ser iluminado consegue tirá-lo do buraco se VOCÊ não quiser sair daí.

Patrícia Cândido,
Manifesto da Autoestima

30 de Outubro

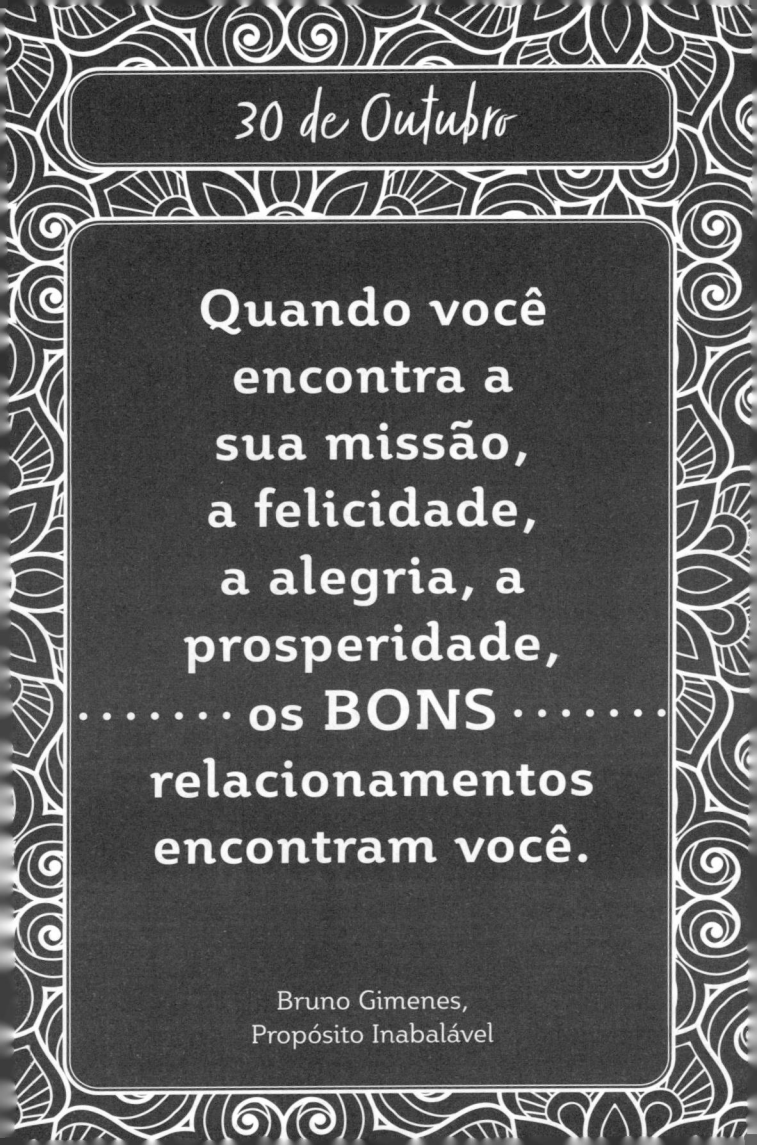

Quando você encontra a sua missão, a felicidade, a alegria, a prosperidade, os **BONS** relacionamentos encontram você.

Bruno Gimenes,
Propósito Inabalável

31 de Outubro

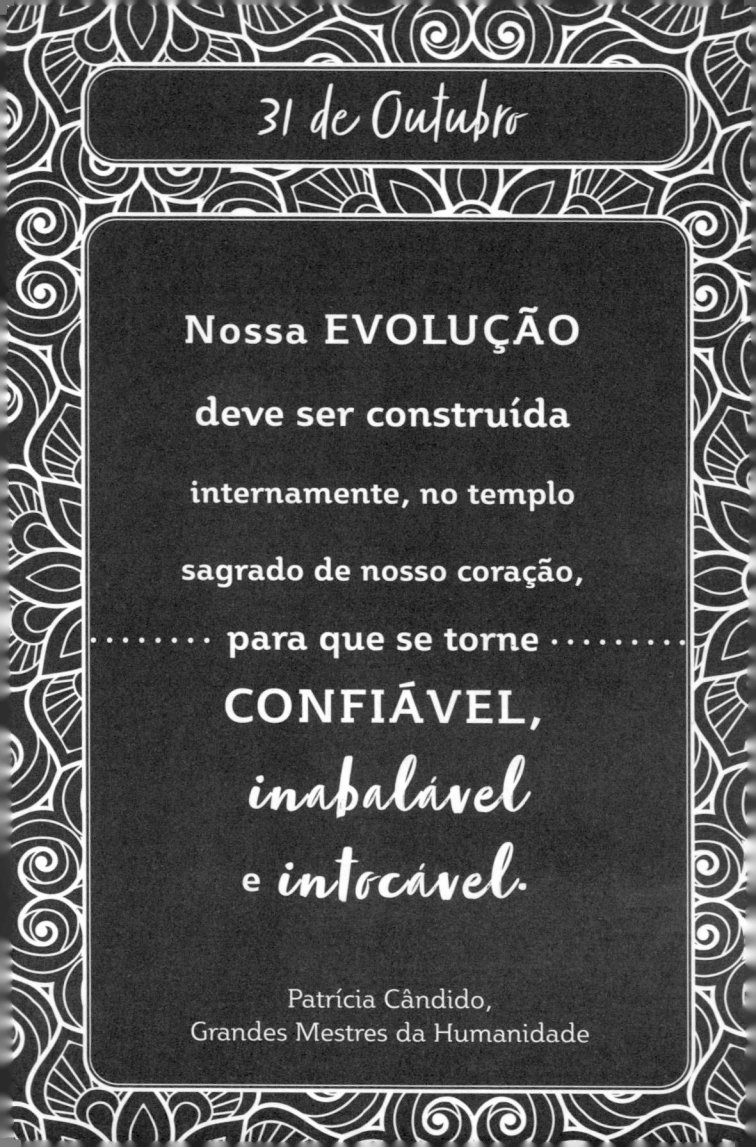

Nossa **EVOLUÇÃO** deve ser construída internamente, no templo sagrado de nosso coração, para que se torne **CONFIÁVEL**, *inabalável* e *intocável*.

Patrícia Cândido,
Grandes Mestres da Humanidade

Novembro

1º de Novembro

Com veracidade e autenticidade, vá abrindo os CAMINHOS em sua vida.

Bruno Gimenes, Patrícia Cândido, Denise Carillo, Tarô da Fitoenergética / Hortelã

2 de Novembro

Encarar os ciclos da vida e morte com amor permite que você alcance grandes TRANSFORMAÇÕES. Mantenha a calma, a ternura e a doçura.

Patrícia Cândido,
Tarot Grandes Mestres da Humanidade / Maria

3 de Novembro

Sinta-se GRATO por receber da *vida* uma oportunidade de CRESCIMENTO.

Marcia Luz,
Minuto da Gratidão

4 de Novembro

Por mais que não queiramos aceitar, quando não gostamos de alguém, é porque, de alguma forma, ela é o nosso espelho.

Aline Schulz,
Oráculo Terapêutico dos Acordos Espirituais

5 de Novembro

E se eu lhe disser que MISSÃO é muito maior do que qualquer coisa que estejamos fazendo nesta vida apenas?

Patrícia Cândido,
Cajados

6 de Novembro

A ponderação e o diálogo são as melhores ferramentas para manter sua energia física, mental e espiritual.

Bruno Gimenes, Patrícia Cândido, Denise Carillo, Tarô da Fitoenergética / Pitangueira

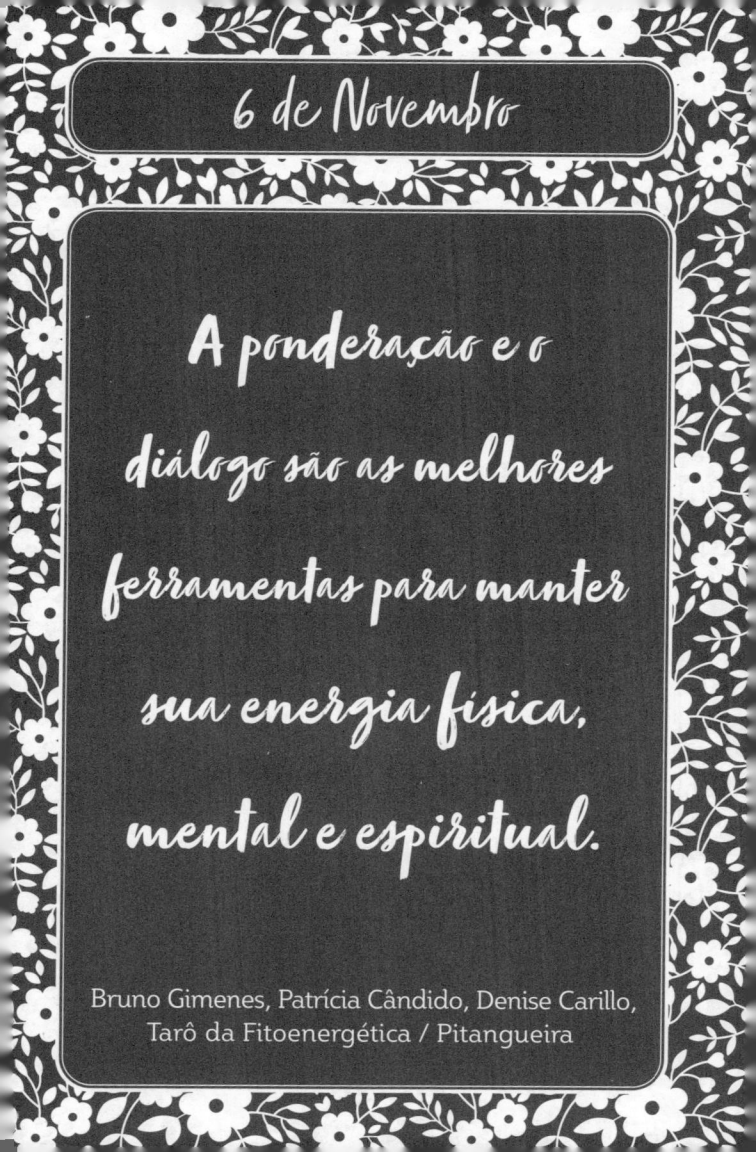

7 de Novembro

É importante ressaltar que, quando há divergência entre as pessoas, o mais importante não é buscar um culpado, e sim, entender que há **EQUÍVOCOS** que podem ocorrer com qualquer um, inclusive com você.

Marcelo U. Syring,
O Poder das Cores

8 de Novembro

Um dos maiores responsáveis pela nossa LIBERTAÇÃO é o *perdão*. Quando perdoamos conseguimos mudar a nossa forma de VER, SENTIR OU AGIR sobre algo ou alguém. O amor incondicional surge em nossa vida.

Aline Schulz,
Acordos Espirituais

9 de Novembro

Quando vivemos a verdade em cada ato, vivemos o amor, pois o AMOR e a VERDADE são irmãos, portanto são frutos da mesma árvore.

Bruno Gimenes,
O Chamado da Luz

10 de Novembro

A ESCASSEZ não te leva a lugar **NENHUM**, só tira o que você tem. **A ABUNDÂNCIA**, por sua vez, te leva longe, é o começo do **INFINITO**.

Tiago Fonseca,
Cresça, Apareça e Enriqueça / Selo MAP

11 de Novembro

Recupere o seu **SORRISO** e veja o lado **POSITIVO** das coisas.

Wagner Borges,
Falando de Vida após a Morte

12 de Novembro

O sucesso de outras pessoas me permite continuar crescendo.

Hávini Sá,
O Poder dos Mantras

13 de Novembro

Podemos escolher o **AMOR** ao invés do medo, e optar pelo **PERDÃO** no lugar da raiva.

Patrícia Cândido,
Grandes Mestres da Humanidade

14 de Novembro

Você não é o seu corpo. Ele é muito importante e deve ser zelado e respeitado, mas é só o veículo de manifestação da *consciência*, não é a própria consciência, por isso não morre com a morte do *corpo físico*.

Bruno Gimenes e Patrícia Cândido,
Evolução Espiritual na Prática

15 de Novembro

Sentir-se em seu lugar é **AMAR** o ser que **VOCÊ** se tornou, pois aprendeu que as suas potencialidades surgem quando você é *fiel* com o seu conjunto de valores.

Bruno Gimenes,
Viva a sua Missão

16 de Novembro

Quando você PLANTAR tudo o que já lhe foi dado, você começará a colher tudo o que lhe foi prometido. O que entra pelos seus olhos e ouvidos se aloja em seu coração, determinando o que existirá em você.

Ivan Maia,
O Samurai e o Guerreiro Interior

17 de Novembro

Assim como os pensamentos e sentimentos densos ····· são os REAIS ····· causadores de doenças, quando *elevados* a padrões sutis, eles *curam e transformam.*

Patrícia Cândido,
Código da Alma

18 de Novembro

ACORDE para a consciência de sua **ALMA** e para sua potencialidade de amor. A fé **DESPERTA** o divino dentro de você.

Patrícia Cândido,
Tarot Grandes Mestres da Humanidade / Mestre El Morya Khan

19 de Novembro

Quanto mais **CONSCIÊNCIA** você tem da sua missão, mais você conseguirá se **REALIZAR** em qualquer tarefa da sua *vida*.

Bruno Gimenes,
Propósito Inabalável

20 de Novembro

A partir de hoje, comece a aplicar em sua vida o SEGREDO da SABEDORIA. Não discuta com idiotas. Não reaja a tudo o que lhe acontece. Comece a pensar de verdade e a analisar as coisas.

Marcos Trombetta,
Eneamind / Selo MAP

21 de Novembro

É preciso CONFIAR na vida e nas pessoas. Erros do passado pertencem ao passado.

Aline Schulz,
Oráculo Terapêutico dos Acordos Espirituais

22 de Novembro

Se você não sabe *agradecer*, não está pronto para *receber* mais do Universo.

Bruno Gimenes e Patrícia Cândido,
O Criador da Realidade

23 de Novembro

Quando estamos alinhados com a missão da nossa alma, é exatamente assim que nos sentimos: *somos movidos por uma* PAZ PROFUNDA e uma CONSTANTE ALEGRIA, como um combustível para que sigamos nosso rumo à FELICIDADE PLENA.

Patrícia Cândido,
Grandes Mestres da Humanidade

24 de Novembro

Para prosperar, trazer BÊNÇÃOS para a sua vida, viver de forma mais confortável, CONQUISTANDO coisas boas para você e para quem você ama, você precisa QUEBRAR as CRENÇAS e mudar o seu pensamento.

William Sanches,
Desperte a sua Vitória

25 de Novembro

A cada dia está à nossa disposição mais informação, mais conhecimento e, certamente, mais *amor* do GRANDE ESPÍRITO CRIADOR por nós, os seus filhos queridos, e por isso precisamos, de uma vez por todas, aproveitar essa Boa Nova em benefício próprio e de nossos semelhantes.

Bruno Gimenes,
Ativações Espirituais

26 de Novembro

Saber que problemas e desafios fazem parte da vida – que eles integram um movimento natural que o mantém conectado com o FLUXO DA VIDA e com a sua essência –, permite que você evolua e *seja melhor* a cada dia.

Amanda Dreher,
Stop Ansiedade

27 de Novembro

A riqueza foi definida nos tempos atuais como fruto de atitudes vergonhosas, roubo e outras ações que acabaram bloqueando o seu acesso na maioria das mentes. Mas devemos repensar sobre as associações que fazemos, porque na verdade o dinheiro, os bens materiais e o sucesso são formas maravilhosas de promover o **PROGRESSO HUMANO.**

Diego Araújo,
Códigos Para Uma Vida Extraordinária

28 de Novembro

A ACEITAÇÃO de que não somos perfeitos torna a vida mais leve, **FELIZ** e descomplicada.

Patrícia Cândido,
Manifesto da Autoestima

29 de Novembro

É a **VIBRAÇÃO** do seu *inconsciente* que define se você vai ser um **ÍMÃ DE DINHEIRO** ou de dívidas.
De amor ou de medos.
De oportunidades incríveis ou de furadas.
De gente boa ou de gente chata.
De saúde ou de doença.

Bruno Gimenes,
Como Ser um Ímã para o Dinheiro

30 de Novembro

Quanto mais você conseguir organizar a sua IDEIA de futuro perfeito, de vida perfeita e de prosperidade perfeita, mais você CONSEGUIRÁ *manifestar* REALMENTE.

Bruno Gimenes e Patrícia Cândido,
Conexão com a Prosperidade

Dezembro

1º de Dezembro

Tenha a CONFIANÇA de que o Universo está se organizando para trazer a sua meta até seus braços da forma como você ACREDITA e SENTE.

Bruno Gimenes e Patrícia Cândido,
O Criador da Realidade

2 de Dezembro

Doe amor e alegria a todas as pessoas que passarem pela sua vida.

Patrícia Cândido, Tarot Grandes Mestres da Humanidade / Madre Teresa de Calcutá

3 de Dezembro

Vamos limpar todas as nossas limitações em relação à PROSPERIDADE, para que ela possa vir para a nossa *vida* de uma maneira muito *poderosa*.

Marcia Luz,
Ho'oponopono da Riqueza

4 de Dezembro

Sinta como se já fosse real. O sentimento é o **SEGREDO.**

Marcos Trombetta,
Eneamind / Selo MAP

5 de Dezembro

É muito importante que você pratique o autoamor, o autoperdão, o autocuidado e também **APRENDA a ESCUTAR** o seu corpo em momentos de silêncio e contemplação, porque *seu corpo fala com você*.

Patrícia Cândido,
Código da Alma

6 de Dezembro

Escolho **AGORA** ser corajoso, não me estressar por qualquer problema, não permitir que a minha mente seja dominada por medos ou preocupações.

Amanda Dreher,
As Meditações Mais Poderosas de Todos os Tempos

7 de Dezembro

Todos que passam pela nossa vida são professores que nos ensinam a lidar com nossas emoções, frustrações e **principalmente as expectativas,** que talvez sejam os nossos maiores desafios dos relacionamentos.

Patrícia Cândido,
Manifesto da Autoestima

8 de Dezembro

Cada atitude deve estar em sintonia com o sentimento que a move, pois somente assim as energias essenciais são preservadas. Atitude coerente é a bússola das **realizações.**

Bruno Gimenes,
Os Símbolos de Força

9 de Dezembro

Você é um campo de energia, é muito mais do que pode ver e tocar.

Bruno Gimenes,
Mistérios da Alma

10 de Dezembro

Somos seres duais, e essa dualidade se manifesta em determinados momentos, dependendo do nosso equilíbrio interior e das forças que estão vibrando dentro de nós. Nossos pensamentos e emoções estão em constante manifestação, e essa percepção foge, muitas vezes, do nosso controle.

Marcelo U. Syring,
O Poder das Cores

11 de Dezembro

Meta não é chute. Meta é uma sequência de passos replicáveis e factíveis para alcançar o seu objetivo.

Tiago Fonseca,
Cresça, Apareça e Enriqueça / Selo MAP

12 de Dezembro

A vida fica muito mais leve quando agimos com **simplicidade** e **objetividade.**

Aline Schulz,
Oráculo Terapêutico dos Acordos Espirituais

13 de Dezembro

As respostas *estão sempre* dentro de você.

Andressa Bortolasso,
Sintonia de Mãe

14 de Dezembro

Agradecer é sintonizar-se com um fluxo muito poderoso de vibrações elevadíssimas. Agora mesmo, pare tudo e agradeça a alguma coisa que está possibilitando que você esteja aqui *lendo este livro.*

Bruno Gimenes,
Propósito Inabalável

15 de Dezembro

Estamos todos interligados, porque nossa origem está na mesma fonte.

Patrícia Cândido,
Grandes Mestres da Humanidade

16 de Dezembro

Não é a realidade que forma os pensamentos, são os pensamentos que criam a realidade.

Hávini Sá,
O Poder dos Mantras

17 de Dezembro

A EXPECTATIVA POSITIVA É A SEMENTE DA PROSPERIDADE.

Bruno Gimenes,
Seja Rico / Selo MAP

18 de Dezembro

Não dependa de forças exteriores para exercer o seu direito de ser feliz.

Wagner Borges,
Falando de Vida após a Morte

19 de Dezembro

Você não é perfeito, e nem precisa.

Amanda Dreher,
Stop Ansiedade

20 de Dezembro

Se você quer se tornar um **curador, um mestre,** precisa ter uma mente saudável e **trabalhar** todos os dias.

Diego Araújo,
Códigos Para Uma Vida Extraordinária

21 de Dezembro

Aprenda com os seus erros sem se martirizar ou sofrer.

Bruno Gimenes, Patrícia Cândido, Denise Carillo,
Tarô da Fitoenergética / Douradinha

22 de Dezembro

Aceite que não conseguirá agradar a todos, e, desde que **você aja sempre com integridade,** não provocará mal nenhum a ninguém.

Bruno Gimenes e Patrícia Cândido,
O Criador da Realidade

23 de Dezembro

Mais importante do que ser perfeito é agir. Ajustes podem ser feitos ao longo do percurso.

Aline Schulz,
Oráculo Terapêutico dos Acordos Espirituais

24 de Dezembro

A união, o carinho, a compreensão, a harmonia, a educação, os limites e a solidariedade são os melhores ingredientes para a saúde, a felicidade e a cura dos males de qualquer ser vivo, principalmente das crianças.

Carmen Mírio,
Regressão para Crianças

25 de Dezembro

O caminho de volta **à casa do Pai** é individual, único, mas só tem sentido **se for realizado em comunhão.**

Patrícia Cândido, Tarot Grandes Mestres da Humanidade / Jesus Cristo

26 de Dezembro

Você foi feito *para crescer*, para desbravar *novos rumos*, fazer novas viagens, ter novas esperanças.

William Sanches,
Desperte a sua Vitória

27 de Dezembro

Tudo é equipe, tudo é sincronia e cada um tem seu valor individual que, somado aos outros, faz a diferença. Essa é uma das grandes mensagens que as plantas nos transmitem, a união, a parceria.

Bruno Gimenes,
Fitoenergética

28 de Dezembro

Quando uma pessoa entra na sua vida, é para te ensinar. Quando ela sai, é porque você aprendeu. Quando ela fica, é porque há um **propósito** a cumprirem juntos.

Aline Schulz,
O Tratado do Amor

29 de Dezembro

Encontre o seu cajado, tome posse dele e faça a diferença no mundo, pois você nasceu para isto: **melhorar as suas inferioridades, evoluir, crescer e transformar o mundo.**

Patrícia Cândido,
Cajados

30 de Dezembro

Honre você,
honre a sua história
e ative o seu poder pessoal
todos os dias dizendo:

Eu agradeço,
porque eu mereço ter
esse relacionamento,
essa família,
esse trabalho.

Cátia Bazzan,
Cuide-se

31 de Dezembro

Seu FUTURO

lhe espera, e ele é de **PERSISTÊNCIA**, não de desistência!

Ivan Maia,
O Samurai e o Guerreiro Interior